JN274825

日本人の
納税者意識

藤巻 一男 著

税務経理協会

はしがき

　日本人の納税者意識は希薄であることを指摘する識者は少なくない。しかし，そのように認識している日本人は少数派ではないかと推測される。筆者が実施したネットリサーチによるアンケート調査（以下「本調査」という）によれば，「日本人が増税を受け入れるにあたり，大きな障害となるものは何か」との質問に対して，69.5％もの人々が「政治に対する不信感」をあげ，日本人の「納税者意識の低さ」をあげた人々は18.3％にすぎなかった（第3章第6節（問6）参照）。財政赤字の原因を政治不信の問題に帰着させているような感もある。そのような事情からか，消費税の増税の話になると，政治家は腫物に触るかのように慎重になってしまう。また，日本人の納税者意識にも何かしら問題がありそうだと感じている人々でも，それを正面から議論しようとすると，検討材料の乏しさから途端に思考停止状態に陥ってしまう。

　理屈の上では，社会システムの在り方について目指すべき方向性が決まれば，それを構築し維持するための財源をいかに確保するのか，すなわち，その負担を国民がいかに分かち合うのかを考えればよい（「量出制入」の考え方）。しかし，現状では，政府の指し示す社会のビジョンが不明確なためか，又はそれがあってもわかりやすく国民に伝達されないためか，それとも，人々が政府にはあまり期待しないためか，いくつかの要因が重なって，人々が思い描く将来社会のイメージは分散し，租税負担に関する意識も方向性が定まらない状況となっている。また，本調査によれば，「政治や行政への不信につながる大きな要因」として59.4％もの人々が「税金の無駄遣い」をあげており（第3章第6節（問9）参照），人々の多くは税金のネガティブな側面に関心を向ける傾向にあり，税金によってどのような社会を築いていくのかについての意識は希薄となっているようである。

　実際のところ，人々は租税負担についてどのように考えているのであろうか。この点については，各層の納税者ごとに詳細に調査・分析を行ってみないとわ

1

からない。この種の研究は，有用性があるにもかかわらず，客観的にとらえて論じることが難しいことなどから，これまで多くは行われてこなかった。

　本書は，日本人の納税者意識について，理論的及び実証的に解明することを意図している。本書の構成は，理論編として，第1章では日本人の納税者意識に関係する諸説や歴史的経緯を踏まえた考察を行い，第2章では社会心理学的アプローチによる考察を行っている。そして，実証編として，平成23年8月30日〜9月1日に実施した本調査の結果を踏まえ，第3章では人々の望む将来社会のイメージと租税負担意識について，また，第4章では消費税，所得税，法人税の各税に関する意識について，それぞれ年齢階級，性別，世帯収入，職業等と関連させながら分析し考察している。理論編の内容は，主として，拙稿「租税負担と受益に関する国民意識について」税大ジャーナル14号42〜74頁（2010年6月）に掲載した内容に加筆したものである。また，実証編の本調査の結果については，すでに『税経通信』2011年11月号と2012年2月号にダイジェスト版を掲載しているが，そこで割愛した分析結果も本書で取り上げている。

　本書の理論編では，納税者が租税負担と社会システムとの関係を能動的に結びつけて考えることができない理由について，歴史的経緯などを踏まえながら検討を行い，さらに社会心理学的アプローチにより考察している。

　また，実証編では，各種の分析によって特徴的なことが把握されている。特に，年齢階級別分析では，リスクの社会化や租税負担を巡り，世代間の意識の違いが浮き彫りになっている。それらの分析結果をビジュアル的に理解しやすいように，統計学的に有意なものについて，相対度数のグラフをそれぞれ掲載した。

　日本人の納税者意識の現状に関心を持たれた方であれば，まず，本調査の結果を踏まえた第3章と第4章の実証編に目を通していただきたい。そして，なぜこのような現状になっているのか，また，本来はどうあるべきなのかなどについて考えてみたい方であれば，第1章と第2章の理論編にも目を通していた

はしがき

だければと思う。

　筆者は，この研究テーマに着手してから3年程度しか経ていないし，「日本人の納税者意識」の研究一筋に取り組んできた専門家ではない。平成19年4月から，新潟大学の経済学部生向けに「租税理論」という授業科目を担当したことで，この研究テーマに着手する社会的必要性を感じ始めた。同年3月まで，国税庁に在職し，本庁調査課等で大規模法人調査に係る管理・企画・運営・研究等の内部実務に携わっていた期間が長かったが，国税局や税務署において税務調査の現場経験もある。その際，各層の納税者の意識というものを肌で感じることができた。個々の納税者の税金に対する考え方や感情は様々であり，折に触れいろいろと考えさせられることが多かった。そして，新潟大学に勤務してから，「日本人の納税者意識」というつかみどころのないようなテーマについて研究する環境も少しずつ整ってきた。

　もっとも，今の日本の状況を考えると，このテーマについて，じっくりと時間をかけて調査・研究を行うことは許されないような感じもする。幸いなことに，この点に関しては，ネットリサーチを利用することによって，比較的短期間にアンケート調査を実施し，分析結果を整理することができた。この分析結果を踏まえて，さらに解明を要する事項も新たに把握されている。本書は中間的なものであるが，「日本人の納税者意識」を考える上で，少しでも役に立つことができればと願っている。

　本研究は，科学研究費補助金「納税者意識と公共意識に関する実証的研究」（平成21～25年度，基盤研究（C），研究課題番号21530294）の助成を受けたものである。

　本書の刊行にあたり，新潟大学の教職員と学生諸氏には，この研究に取り組む環境を与えていただいたことに，心より謝意を表するものである。

　また，税務執行の現場等で議論を交わし，苦労を分かち合ったかつての同僚の皆様方に心から感謝を申し上げる。あの頃の経験がなかったら，この研究

テーマをそもそも思い立つことはなかったし，本書を書き上げるまでには至らなかったであろう。さらに，筆者が税務大学校研究部在職時に，そこで顧問をされていた金子宏東京大学名誉教授をはじめ，研究部長をされていた諸岡健一氏，関係諸氏には，御指導をいただいたことに厚く御礼申し上げる。当時の研究実績がなければ，本研究の助成金の獲得は難しかったであろう。慶應義塾大学商学部教授の高久隆太氏にも，この場を借りて感謝を申し上げたい。高久氏には国税庁時代から公私にわたりお世話になり，そして，実務家から大学への転身の範とさせていただいた。以上の多くの方々とのご縁によって，本書を書き上げることができたのである。なお，本書の政治・行政に関する意見にわたる部分は私見であることを，念のため申し添えておく。

　さらに，本書の刊行にあたっては，税務経理協会・税経通信編集長の小林規明氏をはじめ関係諸氏にも感謝を申し上げたい。

　最後に，私事にわたって恐縮であるが，日頃苦労をかけている妻の富士子に本書を贈ることにしたい。

　2011年12月

　　　　　　　　　　　　　　　　　　　　　　　　　　　藤巻　一男

目次 INDEX

はしがき

序 章 ……………………………………………………………………… 1

第1編　理　論　編

第1章　租税負担に関する意識 …………………………………… 9
第1節　議論のための枠組み ………………………………………… 9
第2節　「量入制出」の考え方のもとでの租税負担意識 ………… 13
第3節　「量出制入」の考え方のもとでの租税負担意識 ………… 14
第4節　二つの考え方と日本人の意識 ……………………………… 14
第5節　二つの考え方の前提にある意識 …………………………… 19
第6節　租税の根拠と日本人の意識 ………………………………… 21
第7節　納税者意識の昔と今 ………………………………………… 23

第2章　社会心理学的アプローチによる考察 …………………… 27
第1節　集団主義的思考と個人主義的思考 ………………………… 27
第2節　財政問題と社会的ジレンマ ………………………………… 30
第3節　税制改革過程における「沈黙の螺旋」現象 ……………… 32
第4節　社会的ジレンマの解決法 …………………………………… 35

第2編 実証編

第3章 人々の望む将来社会のイメージと租税負担意識の調査結果 … 43
第1節 ネットリサーチによる意識調査 … 43
第2節 生活不安に関する意識 … 45
第3節 人々の望む将来社会のイメージ … 47
第4節 ボランティアに関する意識 … 54
第5節 リスクの社会化に関する意識 … 59
1. 子育て支援に関する意識 … 59
2. 世代間の公平に関する意識 … 63
3. 貧困対策に関する意識 … 69

第6節 政治・行政への信頼感と租税負担意識 … 71
1. 増税の障害となる要因 … 71
2. 租税教育に関する意識 … 76
3. 政治と行政に対する信頼感 … 79
4. 国民同士の信頼感と国税職員に対する信頼感 … 88
5. 税務調査の頻度に関する意識 … 91
6. 社会保障・税に関わる番号制度に対する信頼感 … 94

第4章 消費税，所得税，法人税に関する意識の調査結果 … 101
第1節 問題の所在と分析方法 … 101
第2節 消費税，所得税，法人税の負担感 … 103
第3節 消費税に関する意識調査の分析結果等 … 105
1. 税収の使途 … 105

目　次

  2　税率引上げの水準 …………………………………………112
  3　税率引上げの反対理由 ……………………………………115
  4　益　　　税 …………………………………………………116
  5　基幹税の税収の特徴と消費税が安定財源である理由 ……119
  6　消費税に対する給与所得者の意識 ………………………126
 第4節　所得税に関する意識調査の分析結果 …………………128
  1　累　進　課　税 ……………………………………………128
  2　所得の捕捉率格差 …………………………………………134
  3　給与所得控除 ………………………………………………137
 第5節　社会的亀裂を生む人々の意識 …………………………141
 第6節　高福祉・高負担社会の支持派の意識 …………………147
 第7節　法人税に関する意識 ……………………………………149
 第8節　東日本大震災の復興財源 ………………………………154
 第9節　公務員の定員削減と租税負担等に関する意識 ………156

終　章 ……………………………………………………………161

【主要参考文献】……………………………………………………167
【調査対象モニターのデータ】……………………………………172

◆アンケートの質問（本書掲載順，選択肢・参考資料等省略）

第3章　人々の望む将来社会のイメージと租税負担意識の調査結果	頁
（問1）日本は，将来，どのようなイメージの社会を目指すべきだと思いますか。	48
（問2）福祉，啓発，教育，子育て支援，防災，環境保護などのボランティア活動を通じて，社会のために役立つことをしたいと思いますか。	55
（問3）子育てに対する支援の在り方について，どのように考えますか。	60
（問4）社会保障については，高齢世代は受益が負担よりも大きいのに対して，現役世代はその逆であり，世代間の不公平が問題となっています。もし，あなたの親族の高齢者，又は高齢者であるあなた自身が受ける年金，医療，介護の給付水準が引き下げられるとしたら，どう思いますか。	64
（問5）失業や貧困の問題に対して，どのように対処すべきだと思いますか。	69
（問6）社会保障の財源不足を補うために，消費税の税率引上げ等による増税が検討されています。国民が増税を受け入れるにあたり，大きな障害になるものがあるとすれば，それは何だと思いますか。	71
（問7）「日本人は，税金の負担とその使い道を別個に考える結果，税金の負担はできるだけ少なく，政府の公共サービスはできるだけ多いほうがよいという無理な要求をしがちである」という見解があります。あなた自身は，そのような要求をしがちなほうですか。	72
（問8）「子供たちに，税金の意義や役割について，義務教育の段階から，もっと時間をかけて教えるべきだ」という意見について，どう思いますか。	76
（問9）政治や行政への不信につながる大きな要因は何だと思いますか。	79
（問10）政府は，行政のスリム化を推進するため，公務員の定員を2010年度以降の5年間で10％以上削減する計画を進めています。しかし，日本は，他の先進諸国と比べて，人口千人当たりの公務員数は少ない状況にあります。このことについてどう思いますか。	82
（問11）あなたが職員の働きぶりを評価している行政機関等をお答えください。	86
（問12）あなたは，税務署や国税局の職員を信頼していますか。	89
（問13）1年間に税務調査が行われる割合は，法人全体の4～5％，個人事業者全体の1％未満だといわれています。「適正・公平な課税を実現するためには，税務署や国税局の職員数を増やしてでも，税務調査の頻度をもっと引き上げるべきだ」という意見についてどう思いますか。	92
（問14）政府は，社会保障と税に共通の番号を国民一人一人に割り振る制度の検討を進めています。この制度の目的は，社会保障制度と税制を一体化することにより，各人の所得に関する情報をできるだけ正確に把握して，適	95

	正な課税や給付につなげるとともに，事務の効率化や国民負担の公平性の向上を図ることとされています。この制度の導入について，どう思いますか。	
(問15)	社会保障と税の共通番号制度の導入に反対する主な理由は何ですか。	97
第4章　消費税，所得税，法人税に関する意識の調査結果		頁
(問16)	国の予算総則上，消費税の収入（国分）は，高齢者三経費（基礎年金，老人医療，介護）に充てられていますが，財源不足が生じています。その財源不足を埋めるために，2010年代半ばまでに消費税率（国・地方）を10%まで引き上げることが検討されています。このことについて，どう思いますか。	105
(問17)	仮に，消費税の税率が10%に引き上げられても，高齢者三経費（基礎年金，老人医療，介護）の財源不足に充てられるだけかもしれません。子育てや貧困対策などの社会保障を充実させるために，さらなる税率の引上げについてどう思いますか。	113
(問18)	消費税の税率の引上げに反対する理由は何ですか。	115
(問19)	現行の消費税の仕組みでは，消費者が負担した消費税の一部が税務署に納められずに販売した事業者の手元に残ってしまうことがあります。これを益税といいます。「中小零細事業者は消費税の計算や納税に係る事務が大変なので，益税はある程度まで許容すべきだ。」という意見についてどう思いますか。	117
(問20)	消費税の税収は，経済の動向に関係なく，平成9年度以降，10兆円程度で安定的に推移しています。その理由は何だと思いますか。	121
(問21)	1990年代に実施された5回にわたる大規模な減税措置によって，所得税や個人住民税の累進課税による負担水準は，他の先進国と比較すると，低くなっています。所得税等の負担は，今後どうあるべきだと思いますか。	131
(問22)	「サラリーマンは，源泉徴収によって受け取った給与に対して所得税が天引きされるのに対して，自営業者などは自分で所得を計算して申告することになっているが，必ずしも正しく申告しているとは限らないので，不公平だ」という意見について，どう思いますか。	135
(問23)	「サラリーマンは，職務の遂行に必要な経費はほとんど勤務先が負担してくれるにもかかわらず，所得税の計算では，給与所得控除の適用が一律に認められており，自営業者などの事業所得の計算よりも優遇されているので，不公平だ」という意見について，どう思いますか。	138
(問24)	「法人が得た所得に課される法人税の税率は，他の先進諸国と比較して高いので，法人の国際競争力を強化するために減税すべきである」という意見についてどう思いますか。	150

| (問25)「東日本大震災の復興を目的とする財源として,ふさわしいものはどれだと思いますか」 | 154 |

序章
Introductory chapter

　少子高齢化の進展の著しい日本において，租税制度の在り方を考えることは，国や社会の在り方を考えることと直結する。租税制度を巡る複雑な問題について，伝統的な学問の枠組みだけでは解明又は解決が困難であることから，これまでに経済，政治，財政など異なる学問分野にわたる学際的な研究が行われてきている。経済学など他の学問分野においても，人間の心理に着目した研究[1]が行われている。租税負担等に関する人々の心理や意識に関する研究は，有用性があるにもかかわらず，客観的にとらえて論じることが難しいことなどから，これまで多くは行われてこなかった[2]。

1）　ジョージ・A. アカロフ，ロバート・J. シラー著／山形浩生訳『アニマルスピリット』1頁（東洋経済新報社，2009）では，「経済の仕組みと，それを管理して繁栄する方法を理解するには，人々の考え方や感情を律する思考パターン，つまりアニマルスピリットに注目しなくてはならない。重要な経済的出来事を本当に理解するには，その原因がもっぱら心理的な性質のものだという事実を直視するしかない。」と述べている。これは，人間は計算するよりもむしろ"物語"を語る存在であり，物語をもとに考え行動するととらえるものである。

2）　先行研究としては，大原一三「租税の心理」心理学講座・日本応用心理学会編（中山書店，1954）。平井源治『納税者と有権者の経済心理　財政心理学研究』（八千代出版，1998）。長浜昭夫「納税意識の変革」産研通信No.51（2001・8・31）17頁。西野敵雄「世論調査にみる納税者意識の動向―「納税者の反乱」と「歳出の反乱」を中心にして―」『税大論叢第13号』285頁（昭和54年11月30日），大野裕之「所得税の重税感―『日本版総合的社会調査』個票データによる諸要因の分析―」（租税資料館賞第19回入賞作品）などがある。

租税制度を巡る学問分野を概観すると，租税制度の経済的側面を研究する伝統的な学問分野として財政学（public finance）や公共経済学（public economics）があり，また，租税制度の法的側面を研究する学問分野として租税法（tax law）があり，さらに，財政学と租税法との中間に位置する学問分野として租税政策学（tax policy）がある。

　この租税政策学の分野に属するものとして，租税制度について「政治」の領域から分析しようとする財政社会学的アプローチがある。これまで財政学や公共経済学の主流は，租税が経済的諸要素や所得分配に及ぼす影響について事後的に分析することを重視してきており，こうした経済学的アプローチでは歴史的転換期に生ずる租税制度の変化を解明することができず，その根源的な理由は，租税制度が「政治」と「経済」の接合現象であるという視覚を見過ごし，「政治」の諸領域を捨象している点にあるとの問題意識から，財政社会学的アプローチでは，租税制度の事前的形成過程の分析を重視し，歴史的分析，国際比較分析に焦点を当てている[3]。

　財政社会学的アプローチによって，たとえば，消費税（国税）と地方消費税の制度について，中央政府と地方政府との税源配分を巡る政府間関係及び租税制度の形成過程の分析が行われている[4]。「政治」という視座を加えて分析することにより，租税制度は「公平・中立・簡素」といった租税原則などの理念を踏まえつつも，利害・権益が複雑に絡み合う政治的リアリティの中で形成されていることを認識することができる。

　本書においても，このような租税制度の形成過程に着目する。そして，政治を左右する世論形成や投票行動のもととなる国民意識に着目して考察する。今日の深刻な財政赤字の問題は，直接的にはこれまでの政治や行政によってもたらされたものであるが，必ずしもそれらだけに帰せられるものではない。特に，政治は民意に反応して動くところがある。消費税の導入やその税率引上げを巡

---

[3]　神野直彦・池上岳彦編著『租税の財政社会学』1頁（税務経理協会，2009）。
[4]　池上岳彦「第2章　一般売上税をめぐる政府間関係と政策形成過程—日本とカナダの比較分析—」神野・池上編著・前掲注（3）41頁。

る政治過程，また，バブル崩壊以降の景気刺激策として実施された所得税・住民税の累次にわたる減税措置や財政支出増につながる各種政策を巡る政治過程においては，民意を反映した側面もある。政治家の行動は，国民意識の投影でもある。その国民意識には積極的な意思表示だけでなく，黙認や無関心[5]なども含まれる。

　1994（平成6）年以降を振り返ると，所得税・住民税の大規模な減税措置が相次いで実施され，高齢化の進展とともに社会保障関係費の支出が増大してきたが，この時期においては，税金などの負担に対してネガティブな回答をする者の割合が増加傾向にある（第4章第4節参照）。財政収支のバランスが大きく崩れていった時期に，国民の租税負担に関する意識も低下していったのである。

　少子高齢化の進行など社会経済情勢が大きく変化していく中で，政府は，社会保障制度の根本的な改革とともに，その必要財源を確保するために消費税を含む税制の抜本改革（税と社会保障の一体改革）を進めている[6]。社会保障制度については，負担と受益の関係が希薄化し，国民にとっては複雑かつ不透明でわかりにくいところがある[7]。また，消費税については，その創設前から政治的葛藤が繰り広げられてきた経緯があり，逆進性，益税，中小事業者の事務負担などの問題があり，国民の理解が得られにくい課題となっている。税と社会保障の一体改革の議論に関する情報は，ネットやマス・メディアを通じて提供されているが，その議論の経過や方向性について，政府は国民に対してわか

---

5) NHK放送文化研究所編『現代日本人の意識構造』107頁（日本放送出版協会，2004）によれば，1990年代は，「支持政党なし」の無党派層が拡大した時代でもある。
6) 「社会保障・税一体改革成案」（平成23年6月30日政府・与党社会保障改革検討本部決定）参照。
7) 社会保障の負担と受益の対応関係が希薄化した主な原因は，社会保険料が社会保障制度間の所得移転に用いられるようになったこと，少子高齢化に伴い年金の収益率が低下したこと，基礎年金等に政府部門間移転として国庫負担や公費負担が投じられていることの三つが指摘されている。中央政府と地方政府からの社会保障基金政府への資金移転も，負担と受益の対応関係が不透明になる原因である。以上は，西沢和彦『税と社会保障の抜本改革』23頁，37頁（日本経済新聞社，2011）参照。

りやすい表現で説明を尽くしているとは必ずしもいえない。

　一方，人々の多くは，子育て，雇用，年金，医療，介護など人生全般をカバーする社会保障制度の在り方に少なからず関心を持っている。人々は，どのような社会保障制度を望んでいるのか，あるいはどのようなものであれば受入可能なのか，また，その制度を再構築するために必要な財源となる租税や社会保険料の負担についてどのように考えているのかについて，政府は，社会的偏見[8]にとらわれずに，真摯に耳を傾けていく必要がある。その際，政府は，特定の業界団体のように既得権益の維持や利権獲得のために熱心に政治的活動を行う少数派（loud minority）の意見に偏ることなく，サラリーマンに代表される「物言わぬ多数派」（silent majority）の潜在的な意見を注意深く汲み取っていくことが求められる。社会保障の財源は，これらの多くの人々によって支えられているのである。

　政府が傾聴すべき人々の意見は，必ずしも論理的で明確な表現の形で存在しているわけではない。人々は，政府やその政策に対して，明確な言葉にはならないような感情，不満，期待を抱いている。民主的な合意形成のためには，こうした人々の感情を排除するのではなく，政治的回路にいかに適切につなげていくかということが求められる。政治学者の齋藤純一氏は，「感情の動員は不可避でもありまた時には不可欠でもあるとすれば，感情の動員を非合理的なものとみなしてそれを政治から排除するのではなく，自他の感情がどのような規範的期待を指し示しているかを解釈／再解釈する過程を日々の政治に導き入れ，感情をそうした過程を通じて分節化していくことが求められる」[9]と述べている。

　政府は，人々の意見や感情を考慮し，日々の生活に忙殺され政治的発言の機会がほとんどない人々にも受け入れられるような社会保障制度と財源のビジョ

---

[8]　山口二郎『ポピュリズムへの反撃 —現代民主主義復活の条件』78頁（角川書店，2010）参照。社会的偏見の例として，高齢者の介護は家族でするのが日本的美風という考え方がある。

[9]　齋藤純一「感情と規範的期待—もう一つの公私区分の脱構築」『岩波講座　哲学10　社会／公共性の哲学』121頁（岩波書店，2009）。

序　　章

ンを示し，さらに広く理解を得るための努力をし続けていく必要がある。財政危機を理由に人々の不安や危機感を煽り，増税の議論が先行するのではなく，政策の全体像を示して，国民の信頼を得ていくことが求められる。

　以上のような政治的過程をたどるためには，まず，人々の意見や感情を集約し整理する作業が必要となる。本書は，人々の望む将来社会のイメージと租税負担等に関する意識についてネットリサーチによる本調査を実施し，その分析結果をまとめたものである。ネットリサーチについては，サンプリング方法についての問題点の指摘もあるが，面接調査や郵送による書面調査に比べて，短期間に低コストで多数のモニターを対象として効率的に実施できるというメリットもある[10]。

　報道各社が内閣支持率などに関してしばしば実施している電話によるＲＤＤ法[11]はどうであろうか。ＲＤＤ法は，回答者は次々と質問を聞かされ，順次回答していく方法である。全体として筋道のついた答えができないこともあり得る。また，前の質問内容にとらわれてしまい必ずしも本意ではないような回答をしてしまう可能性もある。そのために，世論調査に表れた人々の反応は，しばしば混乱していることがある。政治学者の山口二郎氏は，「生煮えの感情や反応の集積である世論を政治家は極度に気にし，世論の受けをよくすることを考えて行動する。そして，それがさらに人々の感情や反応を喚起する。政治

10）　世論調査の方法には，個別面接聴取法，郵送法，個別記入法，電話法，集団記入法，二つ以上を併用するものがある。また，抽出台帳としては，住民基本台帳，選挙人名簿，電話帳などがある。これらの方法には，回収率の低下やその他実施上の困難性が指摘されている（荒牧央「世論調査の手法に関する現状と問題点」日本マス・コミュニケーション学会編『マス・コミュニケーション研究　77』71頁～（学文社，2010年））。ネットリサーチについては，ネットの非接続者は調査対象者にはなりえないことなどの指摘もある（森田清志編著『ガイドブック社会調査　第2版』129頁（日本評論社，2007））。しかし，日本のインターネット利用率は2009年末で78％に達し，年齢階級や収入による格差も年々平準化されているとの意見もある（遠藤薫「『ネット世論』という曖昧―＜世論＞，＜小公共圏＞，＜間メディア性＞」上記『マス・コミュニケーション研究　77』109頁）。

11）　ＲＤＤ（ランダム・デジット・ダイアリング）法とは，乱数によって電話番号を作り，次々と電話をかけて一定数の回答を得る方法をいう。

家は人々の反応を見て，さらに右往左往する。今の政治を見ていると，このような無限の循環が存在するように思えます」[12] と述べている。

　今回実施したアンケート調査の質問事項は，人々の生命，生活，財産に関わるものであり，即座には答えられないようなものも含まれている。この種の質問の場合，書面による調査やネットリサーチのほうが適しているのではないだろうか。なぜなら，質問文やそれに添付された統計データなどを参考にしつつ，ある程度の時間をかけて考えながら，複数の質問に矛盾なく回答することが期待できるからである。本調査で知りたいことは，人々の付和雷同の気分や雰囲気ではなく，人々がそれぞれの日常生活の中で抱いている考え方や感じ方である。「輿論（よろん）」(public opinion) と「世論（せろん）」(popular sentiments) という区別がある。前者は，公的な意見，すなわち，人々が能動的に考えて形成した意思や態度の総和であるのに対して，後者は，世間の雰囲気，すなわち，ものごとに対する人々の反応の総和という意味で用いられている[13]。本調査が少しでも「輿論」の実態に迫るための一助になればと考えている。

---

12)　山口・前掲注（8）185頁。
13)　佐藤卓己『輿論と世論―日本的民意の系譜学』（新潮選書，2008）。

第1編

理論編

第1章

第一節 緒言

第1章 租税負担に関する意識
chapter 1

第1節　議論のための枠組み

　中国の古典『礼記』の「王制」編に，『冢宰制國用必於歳之杪五穀皆入然後制國用用地小大視年之豊耗以三十年通制國用量入以為出』[1)]とある。この中の最後の語句「量入以制出」（以下，「量入制出」という）は，わが国では，「入るを量りて以って出ずるを為す（制す）」という格言で知られている。「量入制出」の意味は，収入の額を計算し，それによって支出を計画するということである。これに対して，「量出制入」は，逆に，支出の額を先に計算した上でそれに必要な収入を確保するという意味で用いられることがある。

　「量入制出」と「量出制入」という二つの考え方は，租税負担に対する国民意識と密接に関わってくると考えられる。財政収入と財政支出の関係の在り方について，「量入制出」の正当性を主張する論者もいれば，逆に，「量出制入」の正当性を主張する論者もいる。

　ここでは，「量入制出」と「量出制入」の二つの考え方を，租税負担に関す

---

1)　市原亨吉・今井清・鈴木隆一『全釈漢文大系12　礼記　上』336頁（集英社，1980）参照。「冢宰が國用の経費を定めるのは，必ず年末においてする。五穀の取り入れがすっかり終わってのち，はじめて国家の経費を定める。土地の大小を考え，毎年の豊凶をみ，三十年間の収穫を通算して国の経費を定める。収入と支出のつりあいを計るのである。」（冢宰とは，周代の六官の長で，天子を補佐し，百官を統御する役。宰相。）

る意識を考察するための枠組みとして位置づけて，それぞれの考え方の前提を整理しながら論じることにしたい。これら二つの考え方について，日本の現状を見た場合，いずれの考え方が支配的あるいは優位であるのか，また，中長期的に見た場合，時代によっていずれの考え方が相対的に強くなってきているのか，将来はどうあるべきかなどを検討するための枠組みとして用いることにする。そして，それぞれの考え方のもとにおいて，租税負担や財政支出に対する国民意識がどのような傾向となり得るのかを考察することにしたい。

「量入制出」と「量出制入」という単純な語句を用いて，概念上の整理や検討をするのは，租税を含む財政上の複雑な問題について，何が目的で何が手段なのか，また，何を優先すべきかを認識する上で有効であると考えるからである。小中高生，大学生，主婦，サラリーマン，現役引退者など一般の人々が，租税負担の在り方などを議論する際，このような枠組みのもとで行ったほうが整理しやすいのではないかと考える。

日本の財政問題を論ずる際に，「量入制出」の考え方を支持される方々は少なくないであろう。日本では，財政収支のバランスが大きく崩れ，深刻な財政危機に瀕している。その主な要因が「制出」，すなわち，「出ずるを制すること」がこれまで適切に行われてこなかったことを指摘する人々は多い。行政の事業仕分けが衆目を集めたように，これまでに行政の無駄削減の議論が盛んに行われてきている。「量入制出」の正当性を主張する立場からは，その反対の「量出制入」の考え方のもとでは，まず支出ありきで決められるので，「制出」に歯止めが効かなくなるという問題が指摘される。こうした主張においては，政府による「量出」が適切になされていないこと，すなわち，財政支出の膨張が放置されている，あるいはその制御が不十分であるという認識が前提として存在する。

しかし，前提をいかにとらえるかにより，上記の主張とは全く異なるものとなり得る。神野直彦氏は，伝統的なドイツ財政学の考え方を踏まえ，民間の経済主体の経済原則は「量入制出」であるが，逆に，財政，つまり政府という経済主体は「量出制入」が原則であるとし，本来，財政は，予算原理により，社

会の構成員の代表が政治過程を通じて,まず,国防,司法,社会福祉,公共事業,文教,対外援助など公共的な財・サービスをどれだけ提供するのかという「出」を決め,それをどうやって負担し合うかという「入」が決まるという「量出制入」の考え方によるべきであるという趣旨のことを述べている。そして,日本では永久税方式[2]をとっているため,予算が通っていなくても,毎年,税法が執行されるので,「量入制出」の考え方がとられており,今は経済が厳しいから「量入制出」がもっともらしく聞こえるが,高度成長のときは自然増収があり,「量入制出」の考え方のもとで必要がなくても使ってしまうという論理が肯定され,無駄遣いが許され,放漫経営になったと指摘されている。さらに,人間にとって必要不可欠なもの(「これがなくては生きていけないもの」)は公共サービスが担って,それを税金で賄うというのが原則であるが,日本ではそれが完全に転倒していると説明されている[3]。

日本では永久税方式を採用しているので,「量入制出」の考え方がとられているという見方もできるが,永久税方式のもとでも税率変更などの税制改正を行うことにより財政収入の増減を計画することができるので,「量出制入」の考え方に基づく計画・実行も可能である。以下では,中長期的視点から「量入制出」と「量出制入」の考え方のもとで,一般論として,それぞれ政府の政策,政治家の意識,国民意識はどのような傾向になり得るのかについて論じる。

【参考】『礼記』の「量入制出」を支持する見解

◆ 西郷隆盛
「會計出納は制度の由て立つ所ろ,百般の事業皆な是れより生じ,經綸中の樞要な

---

2) 神野直彦『財政学 改訂版』91頁(有斐閣,2007)「予算を法律として定めるという形式を採用していない日本では,所得税法という租税法が成立してしまうと,その法律が存在する限り自動的に徴税することができる。つまり,国民は租税法が存在している限り,永久に納税する義務を負う。このように予算とは区別された法律で課税する方式を,永久税主義という。」
3) 神野直彦「インタビュー 税はどうあるべきか——国民主権を獲得するために」『別冊 環 税とは何か』13頁(藤原書店,2003)。

第1編　理論編

れば、慎まずばならぬ也。其大體を申さば、入るを量りて出づるを制するの外更に他の術數無し。一歲の入るを以て百般の制限を定め、會計を總理する者身を以て制を守り、定制を超過せしむ可からす。否らずして時勢に制せられ、制限を慢にし、出るを見て入るを計りなば、民の膏血を絞るの外有る間數也。然らば假令事業は一旦進歩する如く見ゆる共、國力疲弊して濟救す可からす。」[4]

◆　加藤寛
　「膨らむ一方の財政赤字はもうどうにも止まらない危険な状態なのです。だったら国民に応分に負担してもらおう、というのが大蔵省の発想です。足りないものは国民から取る。しかし税金というのは、取れるだけ取るというのは間違いです。これだけの支出を予定しているから、これだけの収入、租税徴収が必要であるという考え方は真っ当な姿勢ではないのに、日本政府は必要なものは必要であるという発想を続けてきました。」[5]

◆　新井隆一
　「国においても、地方公共団体にあっても、その財政支出の必要（財政需要）がどれほどであるかをまず策定し、そののちに、その必要を充足するための財政収入を設定する、という手法は、採らるべきではない。それは、財政収入の限界を無視し、忘却して、財政支出の膨張を放置する結果を導くことになるからである。」[6]

　『礼記』にあるように、当時の国家の主要な財源は、五穀（米、麦、粟、豆、黍）等の穀物であった。穀物の収穫高は、天候や自然災害などによって大きく左右される。領土内で収穫された穀物を国家運営の主要財源とするしかないのであるから、「量入制出」の考え方が唱えられるのも道理である。この教えは、専制的な君主制のもとにおいて、財政支出の膨張と増税に歯止めをかけるという意味があったのではないかと考えられる。
　一方、政府による公共サービスが多様化し、その規模が増大している現代においてはどうか。民主主義のもとでは、国民は税金の使いみちを監視することができるし、また、それに能動的に関与する機会もあるので、本来的には「量

4）　山田済斎編（1939）『西郷南洲翁遺訓』岩波文庫、10頁。
5）　加藤寛・渡部昇一共著（1999）『討論「所得税一律革命」　領収書も、税務署も、脱税もなくなる』光文社、33頁。
6）　新井隆一（2008）『税法からの問　税法からの答』成文堂、185頁。

出制入」の考え方を中心に置くべきではないだろうか。「量出制入」がうまく機能するためには，財政支出に関する政治・行政過程において公平性・透明性が確保されること，また，国民の側も税金の使いみちについて能動的に関与し，監視していく態度が求められる。

第2節　「量入制出」の考え方のもとでの租税負担意識

　「量入制出」の考え方のもとで，人々の租税負担に関する意識については，一般論として，おおよそ次のようなことがいえるのではないかと考える。公共サービスは本来どうあるべきかという議論よりも，国民はいくらまでなら負担できるかという議論が中心となる。経済が成長過程にある時期では，国民の所得水準や生活水準が向上し，所得を課税対象とする法人税や所得税の自然増収がもたらされる。そのために，結果として，「制出」が機能しにくい状況となる。好況期においては全般的に所得水準が上昇するので，人々の税に対する関心は，同等の担税力に対しては同等の課税を行うべきであるという水平的公平の確保に向けられるようになる。また，人々は家計にゆとりがあるので，所得再分配政策など税金の使われ方にはあまり関心を向けない。

　これに対し，不況期においては，税の自然増収が見込めなくなり，実際の「量入」を前提に考えるので，財政支出の抑制（無駄削減等）という議論が盛んに行われるようになる。不況期では失業や非正規雇用が増加し，人々の関心は所得格差や資産格差へ向けられるようになり，担税力の高さに応じて重い負担を課すべきであるという垂直的公平の確保が問題となる。こうした不況の時期においても，「量入」の議論，すなわち，国民はいくらまでなら負担できるかという議論が中心に行われ，「量出」の議論，すなわち，本来の公共サービスの在り方や税金の使われ方に関する根本的な議論にはなかなか発展することができず，国民から信頼される中長期的な具体的ビジョンを示すことができないために，国民に新たな負担を求めることができにくい状況となる。

「量入制出」の考え方	好況期における傾向	不況期における傾向
	法人税・所得税の自然増収により，結果として「制出」が機能しない。	法人税・所得税の収入減少。財政支出の抑制で対応。

第3節　「量出制入」の考え方のもとでの租税負担意識

　第2節の「量入制出」とは正反対の考え方，すなわち「量出制入」の考え方のもとで，人々の租税負担に関する意識については，一般論として，次のようなことがいえるのではないかと考える。

　まず，本来の公共サービスはどうあるべきかという根本的な議論が中心に行われ，そして，いったん「出」が決まれば，次に，それら社会共通の費用については社会の構成員たる国民がその負担を受け入れなければならないことになる。国民にこうした負担を求める以上，その前提条件として，国民の理解と信頼が得られるように，財政支出に関する政治・行政過程において公平性・透明性を確保するために不断の努力がなされること，また，国民の側も税金の使い道について監視を怠ってはならないことが求められる。

　もし，この前提条件が満たされなければ，財政支出の膨張と増税をもたらし，批判を招くことになる。逆に，この前提条件を満たした「量出制入」のもとでは，公共サービスの優先順位の付け方や，効果的・効率的な税金の使い道などを積極的に考えるという態度につながる。そうした議論の結果，個人や集団レベルではどうしても解決できないもので，人々の生活や生命に関わるものは政府が担い，そして，そのための財源はその社会の構成員である国民が負担しなければならないことになる。

第4節　二つの考え方と日本人の意識

　「量出制入」の考え方に対して，まず「出」の在り方を適切に決めることなどそもそも困難ではないかとか，あるいは，「出」の在り方を決めたところで，結局，税金が無駄に使われてしまうのではないかというような問いかけが，多くの方々から返ってくるかもしれない。もし，そうした意識ないし態度が優勢

第1章 租税負担に関する意識

であるとすれば，わが国においてこれまでその逆の「量入制出」の考え方が支配的であったことを意味するのではないかと考える。本来のあるべき「量出」の議論が中心に置かれない背景には，政治・行政過程において「出」の決め方において，政官業の癒着，既得権の優先，国益よりも省益優先などの不透明な構造的問題が存在していることもあるであろうし，また，国民の側にはそれらに対して無関心や諦めの気持ちがあるのかもしれない。日本では，税金の使い道を監視するという文化が根付いていないという指摘もある[7]。

　石弘光氏は，国民は国全体として集団的に使う種々の公共的な財・サービスを必要とし，これらがないと国は存立し得ないこと，また，公共財・サービスの責任を担う政府は，国民から税金を強制的に徴収する権限を与えられていることなどを述べた上で，「税金問題の難しさは，このような公の性格とは別に，個人の税負担の軽重で議論されることである。そもそも税金は社会にとって何故必要なのかは背後に押しやられ，納税者の負担がいかに過酷かといった議論になりがちである。その結果，必要な増税は拒否されるか先延ばしされ，国の借金である財政赤字のみが絶えず増え後世代に負担を残すことになる。」[8]と指摘されている。こうした指摘も日本において，「量入制出」の考え方が支配的であることを示すものであると考える。

　なお，日本では，今日「量入制出」の考え方が支配的であるとしても，戦後と比べれば，社会福祉などの「量出」の議論が盛んに行われるようになってきたといえる。日本国憲法25条の生存権の性格を巡っては，戦後の憲法制定当時からいろいろと議論されてきた。憲法25条1項は，「すべて国民は，健康で文化的な最低限度の生活を営む権利を有する。」と定め，さらに，2項は，「国は，すべての生活部面について，社会福祉，社会保障及び公衆衛生の向上及び増進に努めなければならない。」とうたっている。最初に登場したプログラム規定説によれば，憲法25条は，国に対してそこに規定された理念を実現するための政策的指針ないし政治的責務を定めたものであって，ここから直ちに具体的な

---

[7] 石弘光『タックスよ，こんにちは！』34～36頁（日本評論社，2006）。
[8] 石弘光『税制改革の渦中にあって』78頁（岩波書店，2008）。

第1編　理　論　編

法的権利の主張をすることができないと説くものである。1948年（昭和23年）のいわゆる食糧管理法違反事件において，最高裁判所はプログラム規定説と同趣旨の判示をした[9]。しかし，その後，憲法25条の趣旨を具体化させる社会福祉立法の措置が多岐にわたってとられるようになった。このように社会福祉の充実の要請に応えるための「量出」の議論が高まってきたが，高度経済成長期においては法人税等の自然増収がもたらされていたことから，「量出」のための「制入」の議論を積極的に行う必要性は高くはなかったと考えられる。

　今日のような経済社会情勢と逼迫した財政事情のもとでは，国民が人間らしい生活を営むために，政府が本来なすべきことは何かということを認識しやすい状況になってきたのではないかと考える。小宮山宏氏は，日本には，エネルギーや資源の欠乏，環境汚染，ヒートアイランド現象，廃棄物処理，高齢化と少子化，都市の過密と地方の過疎の問題，教育問題，公財政問題，農業問題などの課題が山積しており，これらの課題はまだどの国も解決したことのないものであり，やがて世界の課題になることから，日本は社会システムの変革まで含めた新しいモデルを作っていくことにより，「課題先進国」から「課題解決先進国」に向かうことが日本の世界史的な役割になるという趣旨のことを述べている[10]。これらの課題にさらに加えるとすれば，不況下の雇用確保の問題，自殺者が多発している問題[11]，大震災等の対策，原発問題，各種の伝染病対策，薬物依存の問題，子供を巡る問題（虐待，犯罪的な「いじめ」など），障がい者への対応などをあげることができる。

---

9) 最高裁判所刑事判例集2巻10号1235頁）参照。この事件は，戦後の食糧事情が極度に悪い時期に，闇米の購入・運搬行為をした者が食糧管理法違反に問われたものである。

10) 小宮山宏「『課題先進国』日本～キャッチアップからフロントランナーへ」12頁，50頁（中央公論新社，2007）。

11) 警察庁生活安全局生活安全企画課「平成22年中における自殺の概要資料」（平成23年3月）によると，平成10～22年まで13年連続で，自殺者の数は3万人を超えている状態が続いている。また，特定非営利活動法人自殺対策支援センターライフリンクのホームページ（http://www.lifelink.or.jp/hp/bureau.html）には，自殺問題の実態について，詳しい情報が掲載されている。

第 1 章　租税負担に関する意識

　人々が生活の糧を得ることや，子孫を後世に安全に残すことなど，人間の生活や生命に関わる根源的な諸課題は，個人や特定の集団だけでは解決が困難であり，政府による対応が必要とされるものが多い。これらの諸課題への対応は，国だけでなく，国民に近い位置にある地方政府やＮＰＯ等による地域社会における活動が特に重要となる。グローバル経済の進展とともに，国家への帰属意識や社会的信頼感が希薄になる中で，地域社会の役割の重要性が指摘されている[12]。

　政府に求められる本来の役割やその規模は，国によって異なる。よく引き合いに出される典型的な例をあげておくと，低福祉・低負担の国の代表であるアメリカでは，伝統的に国民は政府に対してあまり依存せず自助努力が求められる。政府の公的サービスで足りない部分を補うために，ＮＰＯ等による民間の非営利活動が活発に行われている。また，アメリカでは，累進課税による個人所得課税の税収割合が高い。これに対し，高福祉・高負担の国の代表であるスウェーデンでは，コミューン（地域的・行政的組織）[13]が公共サービスの中心的な担い手となり，国民と政府との高度な信頼関係のもとで，その財源は付加価値税と個人所得税を中心に国民に広く負担してもらい，また，付加価値税の逆進性の問題については，給付を通じた所得再分配政策により解決が図られている。

　ここで，国民負担率（租税負担率と社会保障負担率の合計）を国際比較することの意義について考えてみたい。「量入制出」の考え方のもとでは，どのくらいまでなら国民が負担可能かをまず量るので，たとえば，財務省の「ＯＥＣＤ諸国の国民負担率（対国民所得比）」[14]によれば，日本の国民負担率は30か

12)　このような指摘は，姜尚中『希望と絆　いま，日本を問う』2〜5頁岩波ブックレットNo.763参照。
13)　アーネ・リンドクウィスト，ヤン・ウェステル著／川上邦夫訳『あなた自身の社会　スウェーデンの中学教科書』108〜138頁（新評論，1997）。
14)　財務省「ＯＥＣＤ諸国の国民負担率（対国民所得比）」http://www.mof.go.jp/tax_policy/summary/condition/238.htm によれば，日本の国民負担率（租税負担率と社会保障負担率の合計）は，平成23年度予算ベースで38.8％である。日本は30か国中24番目である。

第1編　理　論　編

国中24番目であり低水準にあることから，その数値の国際比較だけで，国民にはまだ負担余力がありそうだから負担を増やすべきだという主張につながり得る。一方，「量出制入」の考え方のもとでは，国民負担率の数値比較はあまり意味がない。「量出制入」の考え方のもとでは，日本がとるべき福祉政策等の決定を行い，そのためにはどれだけの費用がかかるのかを量ることが先決となる[15]。すなわち，自助努力を前提とする低福祉政策をとるのか，それとも政府が国民に安心を与えるだけの高福祉政策をとるのかなどを選択した上で必要な予算はいくらかを決めることになる。後者の道をとるのであれば，特に財源確保が問題となる。

それでは，もし「量出制入」の考え方を基本に据えたとした場合，日本は低福祉・低負担又は高福祉・高負担のいずれの道をとるべきであろうか。少子高齢化問題を含む諸課題が山積する「課題先進国」日本においては，低福祉・低負担という政策の選択肢はもはやとり得ないであろう。福祉をはじめとする重要課題の解決には，財源が必要である。

「量出制入」の考え方に立てば，「課題先進国」日本が抱えている諸課題を解決していくためには，高齢者福祉の効率化・重点化の課題を含め，「量出」についてさらに議論を深めていくことが必要であろうし，そして，その「出」が決まれば，次に社会共通の費用について社会の構成員たる国民がその負担を受け入れなければならないという覚悟が求められることになる。

麻生政権当時に公表された「持続可能な社会保障構築とその安定財源確保に向けた『中期プログラム』」[16]の中に，「中福祉・中負担」という語句がある。この語句からは，中くらいでほどよいというイメージもあろうが，幅が広くて

---

[15] 卯辰昇「国民負担率概念に関する議論の整理と今後の展開」損保ジャパン総研クォータリー1998年7月21日発行Vol.25（Ⅴ．おわりに）では，「国民負担率は，社会保障等を中心とした社会制度に先行して出てくる条件ではなく，望ましいビジョンに基づいた社会を作っていった場合に，結果としてこの位の率になるとの結果指標であるという点も合意できるものと考えられる。」と述べている。
[16] 経済財政諮問会議「持続可能な社会保障構築とその安定財源確保に向けた『中期プログラム』」（平成20年12月24日閣議決定）2頁。

どっちつかずのイメージを国民にもたれてしまう可能性がある。

　語句の持つイメージは，租税負担に対する国民の態度に影響を与えるだけに重要である。「中期プログラム」の中で述べているように，「急速に進む少子・高齢化の下で国民の安心を確かなものとする」のであれば「高福祉」という語句のほうがふさわしいであろう。また，「必要な給付に見合った税負担を国民全体に広く薄く求めることを通じて安定財源を確保する」という表現の中の「広く薄く」の語句は玉虫色である。高福祉に見合った高負担と言い切れないところに，国民感情への配慮がうかがわれる。しかし，これからは，政府の決断と国民の覚悟が求められる時代ではないかと考える。

第5節　二つの考え方の前提にある意識

　ここでは，「量入制出」と「量出制入」のそれぞれの考え方と，国民意識との関係について整理しておきたい。「量入制出」が主張される背景には，財政支出の膨張が放置されている，あるいはその対処が不十分であるという認識が前提として存在している。すなわち，政府への信頼度が低いことが前提としてある。

　これに対し，「量出制入」の考え方のもとでは，必要な財政支出が決まれば，社会共通の費用について社会の構成員たる国民にその負担を求めることから，政府は国民の理解と信頼が得られるように，財政支出の過程において，公平性・透明性を確保するために不断の努力をすること，また，国民も税金の使い道について監視を怠ってはならないことが前提条件として求められる。もし，この条件が満たされなければ，財政支出の膨張と増税という結果をもたらし，批判を招くことになる。

　要するに，「量出制入」と「量入制出」の考え方の違いには，国民の政府に対する信頼度と国民の租税負担意識の違いが前提として存在する。さらに突き詰めると，「量出制入」の考え方のもとでは，人間の生活や生命等に関する根源的な諸課題の解決策を優先的に考え，租税収入はそのための手段として明確に位置づけられる。これに対し，「量入制出」の考え方のもとでは，租税収入

第1編 理論編

の確保が達成できなければ，社会保障は切り捨てられても仕方がないという発想につながり得る。

区　分	「量入制出」の前提	「量出制入」の前提
国民の政府に対する信頼度	低	高
国民の租税負担の意識	低	高
財政支出に対する関心度	低	高

　筆者は，人間の生活や生命等に関する根源的な諸課題の解決策を優先的に考え，租税収入はそのための手段として明確に位置づける「量出制入」の考え方のほうが，理念としては正当ではないかと考える。この考え方は，第6節で述べる会費説の考え方と整合する。

　また，「量出制入」の語句の表面上の意味だけをとらえると，租税，財・サービスの額の決め方の優先順位を示したものと解されやすいが，これはあくまでもプロセスである。カネとモノは，手段にすぎない。国民の負担する租税を財源として，政府が必要な財・サービスを国民に提供することによって，人々の幸福感や安心感をいかに高めるかということが究極の目的である。「コンクリートから人へ」というだけでは不十分である。「量出」の場面では，「選択と集中」によって，「人へ」のバラマキに終わらないようにするために，生活困窮者などのために効果的援助や側面支援の環境整備等を行い，それによって，国民全体が抱いている不安感を減少させることが目的である。

　また，「制入」の場面における納税者としての心理について言えば，所得税等の負担をできるだけ軽くしたいという意識を抱くのは当然であるとしても，もう一つの意識，すなわち，社会の構成員として社会共通の費用を分担しなければならないという意識を持つことも求められる。それは，国民全体の幸福感を高めることにつながるということをイメージすることでもある。

　このようにして，「量出制入」の考え方に基づく財政上の仕組みの中で，政府と国民がともに「信頼」という無形のインフラを築いていくことが求められる。

第6節　租税の根拠と日本人の意識

　ここでは，租税がなぜ課されるのかという根拠となる考え方（租税根拠論）とそれに対する国民意識について考察する。

　租税根拠論としては，租税を市民が国家から受ける利益の対価と見る利益説と，国家はその任務を達成するために当然に課税権を持ち，国民は当然に納税の義務を負うとする義務説がある[17]。利益説は，税負担の配分の基準として実際的でないという問題があり，また，義務説は権威主義的な国家思想に結びつくという批判がある。

　今日では会費説が有力である。会費説は，国家社会の維持のための必要な経費を国民がその負担できる能力等に応じて支払う「会費」のようなものとする考え方である。このような考え方は，日本国憲法30条「国民は，法律の定めるところにより，納税の義務を負う」の解釈からも可能である。すなわち，「日本国憲法も，国家は主権者たる国民の自律的団体であるから，その維持及び活動に必要な費用は国民が共同の費用として自ら負担すべきであるという考え方（民主主義的租税観）に基づいて，納税の義務を定めている」[18] という解釈もできる。会費説のような考え方は，租税政策の決定や執行をする上での基本的な理念となり得る。

【参考】 会費説の考え方

> ◆　いわゆる大島訴訟判決では，次のように租税の意義を述べている。
> 「租税は，国家が，その課税権に基づき，特別の給付に対する反対給付としてでなく，その経費に充てるための資金を調達する目的をもつて，一定の要件に該当するすべての者に課する金銭給付であるが，およそ民主主義国家にあつては，国家の維持及び活動に必要な経費は，主権者たる国民が共同の費用として代表者を通じて定めるところにより自ら負担すべきものであり，我が国の憲法も，かかる見地の下に，国民がその総意を反映する租税立法に基づいて納税の義務を負うことを定め（三〇条），新

---

17)　金子宏『租税法　第十六版』19頁（弘文堂，2011）。
18)　金子・前掲注（17）21頁。

第1編　理　論　編

たに租税を課し又は現行の租税を変更するには，法律又は法律の定める条件によることを必要としている（八四条）。」[19]

◆　平成22年度税制改正大綱では，次のように述べている。

「……第二に，『支え合い』のために必要な費用を分かち合うという視点を大事にします。国民一人一人が頑張り，かつ，その結果が報われる社会であるべきことは大前提です。しかし，人はその人だけの頑張りによって生きられるのではなく，様々な人と関わり互いに支え合うことにより，社会は成立しています。現在，我が国が抱える様々な問題を解決するためには，世代間および世代内の両面にわたり，お互いに『支え合い』，共によりよい社会をつくっていくという共通認識を持って，そのために必要な費用を社会全体で分かち合うことが必要です。税制はまさにその費用の分かち合い方を決めるものです。」[20]

　それでは，会費説の考え方は，日本人の意識の中にどの程度定着しているのであろうか。国民の側は，租税を必ずしも社会共通の経費の分担であると認識しているとは限らない。既存のアンケート調査によれば，「税金」という言葉から連想するイメージについての質問に対して，「罰金」や「没収」という否定的態度を示す人々が全体の約3割存在するという結果もある。

【参考】税金のイメージ

　平井源治氏は，千葉県浦安市，福岡県久留米市，及び岩手県東和町の3地域の住民を対象として財政意識に関して実施したアンケート調査の結果を分析し発表している[21]。その中で，「税金」という言葉から連想するイメージに関する質問について，回答選択肢として会費，罰金，寄付，没収，献金及び料金という6単語を用意したところ，次のような回答結果（n=326）となったとしている。
　　　　　　　肯定的態度（寄付，献金）13.2％
　　　　　　　中立的態度（会費，料金）56.4％
　　　　　　　否定的態度（罰金，没収）30.3％

---

19)　最（大）判昭和60年3月27日　最高裁判所民事判例集39巻2号247頁。
20)　「平成22年度税制改正大綱～納税者主権の確立へ向けて～」平成21年12月22日閣議決定6頁。
21)　「日本人の財政意識」『明海大学経済学論集　Vol.15, No1』(2003) 43, 48頁。

租税の本来の意義によれば，政府による公共サービスの提供と納税者の租税負担は，給付と反対給付の関係（対価関係）にはない。すなわち，公共サービスについては，価格を付けて費用を回収するという市場の取引は成立しない。しかし，国民一人一人が租税負担を納得して受け入れるためには，意識レベルにおいて，租税負担と公共サービスの受益とを結びつける何らかの連結環が求められるはずである。租税負担に込められた意味を，どのように理解したらよいのであろうか。これについては，市場原理は個々の支払いに対して個々の利益を得るという「対価原則」であるのに対し，租税は社会全体で負担し，「安心の給付」を社会全体で受ける「等価原則」[22]であるとする考え方がある。

しかし，実際に，人々が租税負担について，必ずしもこのような認識を持っているわけではない。そこで，日本人の納税者意識に関する歴史的経緯について次節で触れておきたい。

第7節　納税者意識の昔と今

故佐藤進氏が新潟大学に在職していた1987（昭和62）年頃に書かれた著書に『文学にあらわれた日本人の納税意識』（東京大学出版会，1987）というものがある。この著書の構成（目次）は次のとおりである。

第一章　古代文学における租税	二　西鶴と近松にみる文学と租税
一　古代日本の税制	三　俳句・川柳・狂歌にみる税金
二　記紀にみる租庸調	四　儒者・漢詩人と租税
三　『万葉集』の税の歌	五　国学者本居宣長の租税思想
第二章　中世文学における租税	六　地方役人・地方藩主と年貢
一　中世日本の年貢	七　旧幕臣の記録から
二　貴族文学における租税	第四章　近・現代の租税と文学
三　説話文学における租税	一　日本における租税国家
四　『方丈記』・『徒然草』・『平家物語』と租税	二　明治初期の租税思想
五　『吾妻鏡』・『太平記』と租税	三　露伴・漱石・鴎外と租税
第三章　近世日本の租税と文学	四　社会主義思想と租税
一　徳川時代の年貢	五　自然主義小説と租税
	六　風俗小説と租税

22)　神野・前掲注（3）18頁。

第1編　理　論　編

第五章　短歌にみる日本の税金
　一　斎藤茂吉の税金歌
　二　時代を表す短歌

終　章　日本人の納税意識
　一　納税意識の類型
　二　納税意識の規定因

　この著書では，みつぎ・年貢・租税（税金）と名称を変えつつ発展してきた税についての日本人の意識・感情を，古代，中世，近世，近代，現代の各時代における代表的な文学作品等の中から引用し，描き出している。その中で，たとえば，徳川時代の年貢の徴収方法は，「百姓は生かさぬように，殺さぬように」であり，これに対して，庶民は「泣く子と地頭には勝てぬ」，「長いものには巻かれろ」で対応したが，この考え方は現代の納税者意識にでもあるのではないかという趣旨のことを述べている。

　そして，「あとがき」では，「……国家が成立して以来，税を取りそれに寄食する人々と税を納める人々とが対立しており，この収税行為と納税行為をめぐって人さまざまの想いがあり，ここから日本人特有の納税意識が形成されてきた。そしてこの納税意識は昔も今もあまり異なるところがないのではないかというのが，本書を書き終り，その刊行を前にしての感想である」[23]と述べている。

　各時代において，また，各身分において，みつぎ・年貢・租税に対する日本人の意識・感情は様々に表現されているが，それらの本質はやはり負担感あるいは重税感そのものである。日本人が，歴史的に見て，税に関してこのような感情しか持ちえなかった理由は何であろうか。

　これについて，石弘光氏は，欧米社会では市民革命を通じて市民が自らの手で市民社会を作ったという歴史的経験があるのに対して，日本人にはそうした経験がなく，国民一人一人が市民社会（国）を築き上げたという自覚や責任が少ないことをあげている（次頁【参考】参照）。

　佐藤氏が上記著書を執筆中だった頃，売上税（日本型付加価値税）の創設や

---

[23]　佐藤進『文学にあらわれた日本人の納税意識』241頁（東京大学出版会，1987）。

サラリーマンの税への不公平感を解消するなどのため，税制の抜本改革に向けた議論が盛んに行われていた。当時の中曽根首相は，1986（昭和61）年7月の衆参両院の同日選挙期間中に，大型間接税を実施する考えはないという公約を掲げ，選挙で自民党は大勝利を果たしたが，選挙後，売上税を導入しようとしたために，公約違反としてマスコミや一般国民から厳しく追及される結果となり，その後の統一地方選挙で自民党が大きく議席を減らした。結局，売上税を含む税制改革案は国会へ提出されたが，一度も審議されずに廃案となった。

佐藤氏は，「現在，売上税なる新税の導入を柱とした抜本的税制改革案が国会に上程され，さまざまの論議をよんでいるが，現在の日本国民はみつぎ・年貢を納めてきた人々の子孫である。売上税に対して向けられている怨嗟の声には，年貢に苦しんだ先祖の声が反響しているように思われる。理不尽な税に対する国民のうらみは，今も昔も変らないのである。」（上記著書の「あとがき」）と述べている。

この出来事を民主主義の勝利と評した者をもいたであろう。しかし，そこでは，税金の負担ばかりに国民の関心が集まり，将来どのような社会を築いていくべきなのかについての具体的な議論は後方に押しやられていた。そのような議論は「お上」に任せておけばよいという意識がやはり強いのであろうか。

欧米社会のように市民革命を経て社会を自らの手で築き上げたという歴史的経験を経ないと，日本人は，社会システムの在り方と税の関係とを能動的に考えることはできないのであろうか。

これらの問題について直接的に解決の糸口を探ることは困難である。そこで，第2章では，日本人の心の動きに着目して社会心理学的アプローチによる考察を試みることにする。

【参考】日本人の納税者意識の希薄さを指摘する見解

◆　石弘光
(1)「日本においては，このタックスペイヤー意識が極めて希薄である。タックスペイヤーとは本来，税金を進んで「納め」，何に用いられるのかその使途を絶えず監視す

るものということを意味している。このことは明らかに，市民革命を経験し自分たちで社会を築いてきたという西欧社会の市民意識に基づく発想である。税金がちゃんと支払われないと，自分たちの社会ひいては国が成り立っていかないことを共通に認識しているといえよう。（…中略…）

　これに対し，市民革命を経ず封建社会からの近代化が上からの押し付けによって実現された歴史を持つ日本にとって，税金に対する国民的感情はやはり西欧的なものと異なるように思われる。第二次大戦後，シャウプ税制使節団が来日し，アメリカの手によって民主国家の担い手としての租税教育もずいぶん行われ，タックスペイヤーとしての国民の義務もある程度理解されるようになった。しかし，税金に対する思考のギャップは，まだまだ存在している。」[24]

(2)「日本ではタックスと公共サービスを，全然別個に考える結果，『タックスはできるだけ少ない方がよい』，しかし『公共サービスはできるだけ多い方がよい』という無理な要求になりがちです。『少ないタックス』と『多い公共サービス』のギャップが，後で述べる国の借金つまり財政赤字になるわけです。両者の間で関係をつけないで考える結果，往々にしてタックスを『とられる』という言い方になってしまいます。より身近な例でいうと，これは選挙のとき，『減税賛成，歳出増賛成』という人気取りのスローガンと結び付くことになります。」[25]

◆　神野直彦
(3)「民主主義 democracy とは民衆（demos）が権力をもち支配する（cracy）ということですから，民が統治し支配するものであるのに，日本ではそういう意識がまったくない。自分たちの外部に存在する支配者が取っていく，あるいはその支配者に上納するお金だという意識なので，税に抵抗感をもっている。税は本来，社会の構成員が共同の事業をやるために，お互いに民主的に負担しあうものであるという意識がまったくない。」[26]

　上記のような指摘があるものの，実際，そのように自覚している日本人は少数派であると推測される。第3章第6節（問7）では，上記(2)を参考にして行った質問とその回答の分析結果を掲載してある。

---

24)　『税制改革の渦中にあって』79〜81頁（岩波書店，2008）。
25)　石弘光『タックスよ，こんにちは！』34〜36頁（日本評論社，2006）。
26)　神野・前掲注（3）10頁。

第2章　社会心理学的アプローチによる考察
chapter 2

　第1章では「量入制出」と「量出制入」という枠組みにおいて，国民の政府に対する信頼度，国民の租税負担の意識，国民の財政支出に対する関心度がどうなるかについて考察した。第1章第7節で述べたとおり，日本人には，これらの意識が低いという指摘がなされている。ここでは，その理由について，日本人の心の動きに着目して考察する。社会的環境の中で個人や集団がどのような行動を示すかを研究する学問として，社会心理学（Social psychology）がある。この学問分野の研究結果の中には，日本人の租税負担に関する意識を考察する上で参考になるものが少なくないと思われる。ここでは，本書の論点に関連するものを取り上げて考察する。

第1節　集団主義的思考と個人主義的思考

　団塊の世代（1947～1949年生まれ）[1]の人々の多くは，故郷を出て都市のサラリーマンとなり，日本の高度経済成長を牽引してきた。この時代において，人々の地域社会への帰属意識や親類同士の家族意識は希薄となったが，終身雇用と年功賃金を柱とする日本式経営のもとで，会社への帰属意識が高まっていった。核家族と職縁社会が生まれ，人々の多くは，会社のために長時間懸命に働き，社内で出世し好評を得ることや，自宅を保有するなど物質的に豊かに

---

1) この段落の説明は，堺屋太一『団塊の世代「黄金の十年」が始まる』（文藝春秋，2005）第2章，第3章を参考にしている。

なること，また，子供を育てて大学を卒業させることを人生の成功と思うなどの共通的な価値観を持った。人々は，会社において，集団的意思決定に参加し，また，多額の交際費や福利厚生費を使い，「社用族」などと呼ばれ，家庭よりも職場の付き合いに長い時間を費やしてきた。このように人々は，会社内では孤独を恐れ，仲間の評判を大切にしながら生きてきた。

　団塊の世代の人々に限らず日本人は，特に会社内において集団主義的に振る舞ってきたことから，集団主義的な考え方を持った人たちが多いといわれることがある。そのように理解している人々も少なくないであろう。ところが，社会心理学における調査に基づく研究結果からは，そのような一般常識的な理解とは逆に，日本人には個人主義的な心の持ち主が多いことが明らかになっている。ここでいう集団主義とは，自分の利益よりも，自分の属している集団（会社や地域関係，あるいは国など）を優先させる態度や考え方をいい，個人主義とは，自分のことをまず優先させることをいう。

　社会心理学者の山岸俊男氏は，日本人に対するアンケートを実施し，多くの日本人は「自分自身は集団主義的な考え方をしていないが，周りの人たちは集団主義的な考え方の持ち主である」と思っていること，また，「日本人は自分たち日本人のことを集団主義的な傾向があると考えているが，ただし『自分だけは例外』と考えている集団である」[2]という仮説を示されている。

　本心では個人主義の考え方を持つ日本人が多いにもかかわらず，集団主義的な社会であると勘違い[3]をしているというのである。「他の人たちは個人主義

---

[2] 山岸俊男『日本の「安心」はなぜ，消えたのか』77〜98頁（集英社インターナショナル，2008）。

[3] 山岸・前掲注（2）80頁によれば，このような勘違いを社会心理学では「（原因）帰属の基本的エラー」と呼び，次のように説明されている。自分の周囲にいる人が何らかの行動をしたときに，知らず知らずのうちに相手の意図を推しはかろうとするが，そうした推測がつねに正しいとは限らない。なぜなら，人間の行動が，つねにその人の本心から行なわれているとは限らないからである。周りの状況からやむなくそういう行動（例えば，本文にあるような集団主義的行動）をしている場合などもあるにもかかわらず，その人がそういうことをする「心の持ち主」だと勘違いしてしまうことがある。

第2章　社会心理学的アプローチによる考察

者に批判的だろう」と思い込んでしまうことで，実際には誰もそうは思っていなくても，個人主義者が批判されてしまうという現実が生まれてしまうと説明されている。

　上記仮説によれば，日本人は内発的な意思によって，集団帰属意識があるのではなく，外部との関係によって，周囲に協力しているだけであるといえる。逆に，外部との関係が希薄になれば，非協力になるということである。このような日本人の特徴を，租税制度の形成過程における態度や行動と単純に結びつけて考えることは難しいのかもしれないが，ここでは，次のような推論を示しておきたい。

　日本人は個人主義の心の持ち主が多いが，自分が直接接触している勤務先の会社や地域社会においては，周囲の人々は集団主義的に行動していることから，集団主義的な心の持ち主だと思い込んでいるので，自分は個人主義者であるとの批判を受けないように集団主義的に行動することが多い。しかし，国との関係になると，自分との距離感が出てくるので，集団主義的に振る舞う必要がなくなり，租税政策に関する事柄については，内発的な意思である個人主義的な考え方に基づいた行動が表に現れることになる。たとえば，増税又は減税が争点となっている選挙において，自分の利益（各種の給付等）に直接結びつかないような増税には反対し，また，減税には賛成ないし受動的に受け入れるなどの行動である。あるいは政治や社会の動きに無関心になることも，個人主義的な考え方に基づいた行動であろう。

　今日では，人々はそれぞれ自由に価値観を選択することが許されている。しかし，自分にとって都合のよい考え方に閉じこもり，周囲の価値観を受け入れないこともある。たとえば，子育てについて，20代と30代は共助又は公助を求める割合が比較的高いのに対し，50代と60代（特に男性）は自助を支持する割合が比較的高い（第3章第5節1（問3）参照）。子育ては社会全体で支援するというコンセプトは，世代によっては受け入れがたい層が多いと見られる。世代間，男女間等において価値観の相違はあっても，お互いが向き合って共有点を探るための努力をしていかないと，子育て支援のための財源確保は難しい

であろう。

第2節　財政問題と社会的ジレンマ

　社会心理学では，社会的ジレンマ（social dilemma）の問題が研究されている。これは，個々人にとって望ましい行動が，集団全体にとっては望ましくない状況を指す。社会的ジレンマの例として，個々人にとっては，猛暑に耐えるよりは快適な冷房のきく部屋にいるほうが望ましいが，皆が皆そう考えて電力を消費し続けると，有限である石油資源の消費が激しくなるのと同時にヒートアイランド現象まで引き起こし，ますます冷房が必要になってしまうということがあげられる[4]。他の例として，自家用車の利用による排気ガスの排出，熱帯雨林における農地拡張のための森林伐採，食料用生物の乱獲などがある。自分の目先の利益だけを考えて行動すれば，自然環境の汚染・破壊，生態系への悪影響・種の絶滅などにつながり，結局は全員がより大きなコストを支払うことになってしまう。

　それでは，人々の租税負担を巡る行動において，社会的ジレンマと呼ばれる現象ないしはそれに類する現象は存在するのであろうか。たとえば，次のような想定例の場合はどうか。

【想定例】

> 　多くの人々が，将来の福祉財源の確保と財政再建を目的とした増税法案に反対して，投票を行う。そして，国会では，選挙結果や国民世論を受けて，その法案が廃案になる。これによって，人々は，増税を回避することができ，自分の可処分所得の減少を食い止めることができる。
> 　しかし，そのことによって，財政赤字がさらに拡大し，国家予算の配分額の中で公債の元利金の支払いに充てなければならない支出が増え，社会保障，文教，公共事業に充てる政策予算が削られることになり，個々人が享受する行政サービスが低下する。また，国債の信認低下や金利上昇を招き，その結果として，投資が抑制され経済に悪影響を及ぼす。

---

[4] 遠藤由美編著『社会心理学　―社会で生きる人のいとなみを探る―』74頁（ミネルヴァ書房，2009）。

これを想定例としたが，現実に欧州ではすでに深刻な債務危機の問題として顕在化している。ギリシャ国債の信用不安に端を発した欧州の政府債務リスクはイタリアにも波及し，イタリアの10年物国債利回りは一時「危険水域」とされる7％を超えた。さらに，フランスにも懸念が指摘される。仮に欧州国債への信認が下がり価格が暴落すれば，それを大量に抱える各国金融機関が破綻し，世界経済危機となりかねない。

上記のような想定例は，一般的な社会的ジレンマ問題の領域を超えているのかもしれない。しかし，現実の社会システムの設計や運営は，その受益者であり，かつ，コストの負担者でもある人々の意識を軽視しては，成り立たない。人々の「信頼感」があって，はじめて社会システムがうまく機能する。そうであれば，社会心理学における研究業績をもっと，現実の社会に生かしていくべきではないかと考える。そこで，断片的なものとならざるを得ないが，そのような視点から考察を試みてみたい。

将来の福祉財源の確保を目的とした増税に賛成することを「協力」，それに反対することを「非協力」と呼ぶと，一人一人が投票行動において「協力」か「非協力」かどちらかを選択できる状況にある。そして，一人一人は「協力」を選択するよりも「非協力」を選択し，選挙の結果，自分の可処分所得の減少を食い止めることができれば，望ましい結果が得られる。しかし，上記のような行政サービスの低下による不利益や経済的損失が国民全体に将来にわたって拡散してしまうという問題も生じる。このような想定例は，人と人の作り出した制度との間で生じるジレンマであり，人と自然との間で生じる一般的な社会的ジレンマの事例と比べて，共通するところもあるが，マス・メディア，世論形成，選挙（投票行動），政治・行政過程が介在するという点で，異質なところが多い。それらのうち，世論形成と人々の意識や行動の関係を次節で取り上げて考察する。

第1編　理　論　編

第3節　税制改革過程における「沈黙の螺旋」現象

　社会心理学の分野では，世論の形成は「沈黙の螺旋（spiral of silence）」ともいうべき過程に大きく依存しているという研究がなされている。「沈黙の螺旋」の要点は，次のとおりである。

　「孤立を恐れる人間は，自分の意見を多数・優勢と認知すると，公の場でも自分の意見を表明しやすくなり，少数・劣勢と認知すると，意見を表明しにくくなる。しかも，そうした意見表明状況はマスメディアによって広く伝達されるため，多数・優勢な意見は実際よりも多数・優勢に，少数・劣勢な意見は実際よりも少数・劣勢にみえるようになり，しかも，そのことが原因となって，さらなる意見表明や沈黙が生まれる。こうした世論の収斂過程をE．ノエル＝ノイマン（Noelle-Neumann, 1993）は「沈黙の螺旋」とよんで議論した。」[5]

　政治社会心理学を研究されている池田謙一氏は，社会的コンフリクトと変動が増大することによって社会的に適切な行動が不明確になるほど，受け手のメディア依存度は増大すると考えられるとし，次のように指摘されている。

　「受け手が，社会変動下でのリスク低減のために，メディアが提示する「行動モデル」を暗黙の指針とすることが考えられる。メディアがそのモデルを擬似的に正当化する機能を持つからである。こうしてマスメディアの情報に暗黙に含意されている行動のルールや価値観を，それに代わるものがないままに受容する可能性が生まれる。このようにマスメディアの公開する情報が唯一無二の情報であるといった状況の下では，マスメディアが世論の形成に大きな役割を果たすことは目に見えている。報道を通じて公開された「世論」は，受け手にとって多数派意見の証しだからであり，彼／彼女にとってはそれが適応すべき環境となりかねない。」[6]

　そして，日本における1989（平成元）年の消費税導入時の世論の動きには，

---

[5]　日本社会心理学会［編］『社会心理学事典』439頁（丸善，2009）。
[6]　池田謙一「第14章社会変動と人間」末永俊郎・安藤清志編『現代社会心理学』204頁（東京大学出版会，1998）。

第2章　社会心理学的アプローチによる考察

そうした要素が含まれていたとしている。池田氏らは，1986（昭和61）年秋に当時の中曽根首相が売上税について考慮していることを公言し始めてから，1989（平成元）年に消費税が実施される直前までの朝日新聞と読売新聞の記事内容の分析を行った結果，「消費税・売上税の間接税に直接関わる報道が自民党の支持率の低下に大きく貢献した，と推論されるのである。」[7]と述べている。

　日本では，全国紙の発行部数がそれぞれ多いことから，それらが人々の意識や世論形成に与える影響力が大きいと考えられる。米国と比較すると，全国紙ＵＳＡトゥデイとウォールストリート・ジャーナルの発行部数が約200万部，ニューヨークタイムズの発行部数が約100万部であるのに対して，日本の全国紙では，たとえば，読売新聞の発行部数が1,000万部，朝日新聞の発行部数が800万部を超えている[8]。全国紙の系列のテレビ局の報道も同様に，国民意識や世論形成に大きな影響力を持つことになる。社会学者の大石裕氏（メディア・コミュニケーション研究所所長）は，社会的格差の広がりを誰もが自覚するようになったとはいえ，日本ではいまだに「中流意識」が根強くあり，日本人は「皆で同じ情報に接している」という安心感から，とりあえず多くの家庭では新聞をとり続けており，誰もが知っていることを自分も知っているという安心を多くの人が感じていたいのであると指摘している[9]。「沈黙の螺旋」やマス・メディア依存の現象はどこの国でも起こり得ることであるが，日本ではマス・メディアの状況から，そのような現象がより起こりやすい環境にあると考えられる。

　日本型付加価値税の制度の導入を巡っては，様々な葛藤が歴史的に繰り広げられてきた（次頁【参考】参照）。当時，税制自体の議論よりは，政党や政治

---

[7]　池田謙一・西澤由隆「政治的アクターとしての政党―89年参議院選挙の分析を通じて」レヴァイアサン10号（1992春号）68頁。

[8]　日本ＡＢＣ協会「新聞発行社レポート半期」2009年1月～6月平均／日本ＡＢＣ協会「新聞発行社レポート普及率」2009年1月～6月平均では，販売部数は次のとおり。読売新聞：10,018,117部，朝日新聞：8,031,579部，毎日新聞：3,804,373部，日本経済新聞：3,052,929部，産経新聞：1,846,591部。

[9]　大石裕「『沈黙の螺旋』モデル　やっぱり大新聞・テレビを過信する日本人の「中流意識」と「怒ったふり」」SAPIO15頁（2009年12月16日）。

第 1 編　理　論　編

家個人の行動様式に関わる問題についてマス・メディアが過熱気味に報じたことによって，多くの人々はそれに過剰に反応し，日本の将来の高齢化の到来を踏まえた建設的な意見は，実態以上に「沈黙」してしまったのではないかと考えられる。

　第4章第3節では，消費税の税率引上げを巡る人々の意識を取り上げている。税率引上げに関する世論調査の動向は，特に政治に対する信頼感の高低によって，大きく揺らぐところがある。現在のところ，「沈黙の螺旋」の現象が生じ得るような状況には至っていないが，政治の動向によって，人々の意識がどのように変化していくのか不透明のところがある。世論形成に及ぼす影響を考えると，マス・メディアの今後の論調は極めて重要であると考えられる。

【参考】日本型付加価値税の導入過程[10]

1979（昭和54）年　一般消費税の導入の企てとその挫折
　大平内閣は，財政再建のために一般消費税（付加価値税）の導入を企てたが，9月の衆議院解散後の総選挙中に労働団体，商工団体，消費者団体等から反対意見を受け，大平首相は一般消費税を断念することを表明した。

1986（昭和61）年　売上税の導入の企てとその挫折
　中曽根首相は，1986年7月の衆参両院の同日選挙期間中に，大型間接税を実施する考えはないという公約を掲げ，選挙で自民党は大勝利を果たしたが，選挙後，売上税（日本型付加価値税）の導入が企てられることになったが，このことが公約違反としてマスコミや一般国民から厳しく追及される結果となり，その後の統一地方選挙で自民党が大きく議席を減らした。売上税を含む税制改革案は国会へ提出されたが，一度も審議されずに廃案となった。

1989（平成元）年　税制の抜本改革（消費税の導入と所得税等の大幅減税等）
　竹下登内閣のときに，今日の消費税（付加価値税）が平成元年4月1日に導入された。所得税，法人税及び相続税の大幅な減税と抱き合わせで行われた。また，既存の間接税は廃止された。

1994（平成6）年　国民福祉税の導入の企てとその挫折
　細川首相は，1994年2月3日未明，国民福祉税構想の草案を発表した。そこには，税率7％で3年後の1997年4月1日から実施すると明記されていた。しかし，この構

10）　石弘光『税制改革の渦中にあって』104～122頁（岩波書店，2008）。

> 想発表は，唐突でありその手続について不信感を買い，また，税制改革全体が不完全であるなどの批判を受け，この構想は白紙撤回された。

第4節　社会的ジレンマの解決法

　第2節で取り上げた【想定例】について，日本人に特徴的な傾向に着目して考えてみたい。社会的ジレンマについて，人々の協力行動を高める働きをする要因について研究が行われてきており，それらの研究結果のうち【想定例】に関係しそうな点をあげておきたい。

　社会的ジレンマについて人々の協力行動を高める働きをする要因の一つに，「信頼感」がある。すなわち，「相手に対する不信感は競争的反応を助長しやすいが，相手も自分と同じように協力することを望んでおり，自分が協力したら（それにつけ込んで自分だけ利益をあげようとはせずに）協力してくれるだろう，という信頼感を持てる場合には協力的反応が生じやすくなる」[11]というものである。

　山岸俊男氏は，日本とアメリカにおける集団内の社会的ジレンマの解決の方法を比較しながら，次のように日本人はアメリカ人よりも信頼感が低いとの仮説を示されている[12]。

　日本社会は，歴史的にかなり長い間にわたって，集団間の移動が極めて小さい社会であったために，一つの集団の中に社会的ジレンマ問題が発生した場合，その集団から抜け出して別の集団に移ることにより，問題を個人的に「解決」することが困難であった。その問題は集団の中で解決するために，人々の間での相互監視・規制を強めてきた。そのために，「内発的動機づけ」の低下が起こり，次第に他人に対する信頼感が低下した。日本人の「他人に対する信頼」は，他人が同じ集団に属しており，その集団の中で相互に監視し規制し合って

---

11)　安藤清志「第11章　協同と競争」末永・安藤編著・前掲注（6）160頁。
12)　山岸俊男『社会的ジレンマのしくみ ―「自分一人ぐらいの心理」の招くもの―』130〜144頁（サイエンス社，2004）。

いる場合に限られている。だから，そのような監視や相互規制が成り立たない状況に置かれると，他人の迷惑など無視した「旅の恥はかき捨て」的な行動をとるようになる。そうなると，相互監視・規制の行き渡らない場面では，他人があまり信頼できなくなってしまう。

この説によれば，会社や官庁あるいは派閥などの集団に属していれば，安心感は得られるが，それは自他を意識した信頼感とは異なるものということになる。日本人は集団に属して安心感を得ることを志向し，集団の枠を超えて他者との信頼関係を築くことには消極的ということになる。

日本人の信頼感の状況は，国民同士あるいは政府との間で高度な信頼関係を築いてきたスウェーデンとは対照的である。

神野直彦氏は，次のように述べている。

「20世紀から21世紀への峠を，スウェーデンは「自信と楽観主義（confidence and optimism）」とともに越えた。スウェーデンの「予算説明書」は，そう胸を張って宣言している。これに対して日本は，20世紀から21世紀への峠を，「不安と悲観主義」とともに越えるしかなかった。この対照的な相違は，「人間を信頼した国」と，「人間を信頼しなかった国」との相違だということができる。」[13]

また，小澤徳太郎氏は，次のように述べている。

「スウェーデンは米国と同じように，日本に比べると個人の自立性が高く，自己選択，自己決定，自己責任の意識が強い国です。20世紀のスウェーデンは，国や自治体のような共同体の公的な力や，労働組合のような組織の力を通して，個人では解決できないさまざまな社会問題を解決してきたのに対し，米国は，個人の力による解決に重きを置いてきました。米国は，個人の力に根ざした競争社会であるのに対して，スウェーデンが自立した個人による協力社会をめざしています。」[14]

---

[13] 神野直彦（2001）『二兎を得る経済学―景気回復と財政再建』90頁（講談社＋α新書，2001）。
[14] 小澤徳太郎（2006）『スウェーデンに学ぶ「持続可能な社会」』朝日新聞出版、196

日本人の政府に対する信頼感や国民同士の信頼感が高いとはいえないことも，山岸氏の仮説に示されたような日本人の心理が影響しているのかもしれない。この点に関連した本調査の結果は，第3章第6節で取り上げる。

 日本人は，相互に監視し規制し合っている伝統的な狭い集団社会においては，他人との信頼関係を意識的・積極的に築く必要はなかったが，人的な流動性の高い現代社会においては，複数の他人や集団との信頼関係を必要に応じて新たに築きながら，協力社会を形成していくことが求められる。一方が他方に依存や要求をするだけでは，信頼関係は築かれない。個人が国や社会に依存や要求をするだけでは，信頼社会は形成されない。伝統的に自立心や他人に対する信頼感が低いとされる日本人が，信頼関係を前提とする協力社会を築いていくための道筋はあるのだろうか。

 山岸氏は，社会的ジレンマを解決するための一般的な原理として，「利他的利己主義」という言葉を用いて説明している。自分が協力的に行動することにより他人を協力に導くことができれば，そして長期的に見て自分が協力的に行動することのコストよりも他人が協力的になることにより得られる利益のほうが大きければ，徹底した利己主義者は進んで協力的な行動をとると述べている。そして，社会的ジレンマ問題を解決するために最も重要なことは，利他的利己主義者たちが進んで協力する気になる環境を作り出すことであると指摘している[15]。また，「社会的ジレンマ問題は基本的には人々の心がまえの問題なのではなく社会制度の問題である」[16] とも述べている。

 信頼関係を前提とする協力社会を築いていくためには，真面目に義務を履行する人々が正当に評価され，報われるような社会制度が必要ということになるだろう。ごく当たり前のことのようであるが，こうした社会制度を整え維持していくことは，実際上容易なことではない。閉じた狭い集団内では相互監視によって構成員の規律は保てるが，社会制度を尊重し守っていくためには，個々

　頁。
15)　山岸・前掲注（12）210頁。
16)　山岸・前掲注（12）11頁。

第1編 理論編

人による規律遵守が求められる。日本では，たとえば，持たれ合いや談合など個人が属する集団の心理やルールが，法や社会の規律を守ることよりも優先されることがある。それでは，個人は社会とどのように向き合ったらよいのか。

　ここで，一般論として，利己主義と利他主義について考えてみたい。利己主義とは，「自己の利害だけを行為の規準とし，社会一般の利害を念頭に置かない考え方」であるとされ，また，利他主義とは，「他人の福祉の増益を行為の目的とする考え方」であるとされる（広辞苑）。これら二つの考え方は，観念的には明確に区別されるが，現実社会における存在の態様は不明確である。たとえば，個人や私企業が社会福祉を目的とする団体に対して寄付を行う場合であっても，根底において完全に利害・損得がないとは言い切れないであろう。100％の利己主義と100％の利他主義は現実社会においてないとは言い切れないが，大多数はその中間において，揺らぎながら存在していると考えられる。

　人間は，ある程度利己的でなければ生存することができないし，また，ある程度利他的でなければ健全な社会生活を営むことはできない。大多数の人々が，「情けは人の為ならず」すなわち，「人に親切にしておけば，必ずよい報いがある。」（広辞苑）という正当な利己主義の考え方（もっとも，その主観的なとらえかたは様々であろう）を持って行動することによって，健全な社会が営まれているという言い方ができるであろう。

　こうした正当な利己主義が，ある程度の幅を持って，あるべき位置に安定的にとどまるための必要条件として，真面目に義務を履行する人々が報われる信頼性のある社会的制度が必要となる。公的負担に関する社会的制度の重要な柱は，税制と社会保障制度である。人々がこれらの制度やその運営に対して信頼感を持つことができなければ，租税回避や脱税，社会保険料の未納問題等がさらに顕在化し，「限界質量[17]」を越えて，人々はまさに自己の利害のみを考え

---

[17] 山岸・前掲注（12）89頁では，「限界質量」，山岸・前掲注（2）174頁では「臨界質量」と表現している。例として，クラスのイジメが広がるメカニズムを，限界質量の理論を用いて説明している。臨界質量とは本来は物理学の用語であり，原子核分裂の連鎖反応が持続する核分裂物質の最少の質量をいう。

第2章　社会心理学的アプローチによる考察

る方向へと一気に傾いて流れてしまう不安定さを有している。

　社会保障と税制を柱とする信頼社会を築いていくためには，国民同士の間に社会共通の費用を分かち合っているという信頼感がなければならない。国民同士の間の信頼感はどのようにして醸成されるのか。社会生活を営む上では自助が基本であるが，自分一人だけではどうにもならないときには，やはり共助や公助による支援が必要となる。しかし，中には自助を怠り不正に社会保障給付を受ける者や，不正に公的負担を逃れたりする者が存在する。これらを放置しておくと，国民同士の間で不信感が生じる。そこで，真面目に義務を履行する人々が報われるような制度とその適正運営が求められる。

　消費税率の引上げやそれに関連する諸制度，社会保障・税に関わる番号制度，給付付き税額控除制度など，信頼のおける制度の導入は，国民の判断と政治家の決断に委ねられている。そして，新たな制度が導入されれば，その信頼性の維持は，国税当局による適正な執行にかかっている。そのためには，国税当局は国民から信頼される機関でなければならない（第3章第6節4～6調査結果を参照）。

第2編

実証編

第２編

天成煉

第3章 人々の望む将来社会のイメージと租税負担意識の調査結果
chapter 3

第1節　ネットリサーチによる意識調査

　納税者意識に関して，ネットリサーチによるアンケート調査（以下「本調査」という）を実施した。本調査の実施は，株式会社インテージ（INTAGE Inc.）[1]に委託した。同社に登録されたモニター52万人の中から，1,000サンプルを無作為に抽出している。その際，男女の各年齢階級（10歳レンジ）の度数の割合が，日本の人口構成比となるように抽出している。

【図表3－1】調査対象のモニター数（度数）　　　　　　　　　　　（単位：人）

性別 \ 年齢階級	20～29	30～39	40～49	50～59	60～69	合計
男性	83	107	104	96	112	502
女性	80	104	102	96	116	498
合計	163	211	206	192	228	1,000

---

1)　株式会社インテージ（INTAGE Inc.）本社　東京都千代田区神田。マーケティング・リサーチを主力事業とする。同社ホームページのＩＲ情報によると，現在では国内No.1，世界10位（2010年全米マーケティング協会調べ）の実績。同社は，モニターに対して，アンケート依頼時に守秘義務や登録ガイドラインの確認を促すアナウンスを行っている。登録住所への郵送物による本人所在確認や，モニター登録時の銀行口座登録により，本人確認を行っているほか，メールアドレスの重複登録チェックなどを行うことにより，なりすまし，多重登録の防止を実施している。

第2編　実　証　編

<アンケート調査の概要>

調査期間	平成23年8月30日（火）～9月1日（木）の3日間
依頼数	3013 s　調査依頼した対象者数
有効回答数	1000 s　集計対象とする有効回答の対象者数
回答完了数	1067 s　回答完了者ユーザー数
回収率	35.4%　回答完了数／依頼数
回答時間中央値	11分04秒　回答時間でソートしたとき，中央に位置する値（1問当たりの回答時間：約20秒）
回答時間平均値	31分27秒　回答者全体の回答時間の単純平均値（1問当たりの回答時間：約1分）

■質問数は，モニターの年齢，性別，職業，世帯収入等の情報を含めて全部で32である。
■調査対象モニターの都道府県別分布等の状況については，巻末資料参照。

　租税負担に関する意識は，人々の望む将来社会のイメージや政治や行政に対する信頼感とも密接に関連していると考えられることから，本章では，それらについて取り上げる。そして，次の段階として，人々に受け入れられる社会を構築・維持するための財源をいかに確保するのか，すなわち，各税金の負担を国民がいかに分かち合うのかが問題となる（「量出制入」の考え方）。これらについては，第4章で取り上げる。

　本章では，人々の望む将来社会のイメージと租税負担等に関する回答結果について，それぞれイ．年齢階級別，ロ．男女別，ハ．世帯収入区分別，ニ．職業別に分析する。ロでは，必要に応じて男女別・年齢階級別分析も行っている。各回答結果のクロス表を基に観察度数と期待度数の比較による独立性の検定を行い，統計学的に有意（$P<0.05$）のものについては，原則として，相対度数のグラフを掲載した。

第3章 人々の望む将来社会のイメージと租税負担意識の調査結果

第2節 生活不安に関する意識

人々の生活不安に関する意識を内閣府国民生活局の国民生活選好度調査[2]の結果を基に見ていきたい。次の質問（国民生活選好度調査の問28）に対する回答結果の推移を示したものが，【図表3－2】と【図表3－3】である。

> (ア) 「世の中は次第に暮らしのよい方向に向かっている」という意見について，どのように思いますか。
> (イ) 「自分の老後に明るい見通しを持っている」という意見について，どのように思いますか。

選択肢
（1）全くそうである
（2）どちらかといえばそうである
（3）どちらかといえばそうではない
（4）全くそうではない

次のグラフは，（3）と（4）の否定的回答の推移を示している。

【図表3－2】

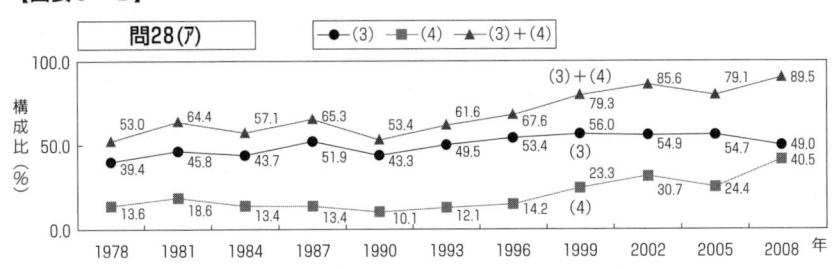

年	1978	1981	1984	1987	1990	1993	1996	1999	2002	2005	2008
(3)	39.4	45.8	43.7	51.9	43.3	49.5	53.4	56.0	54.9	54.7	49.0
(4)	13.6	18.6	13.4	13.4	10.1	12.1	14.2	23.3	30.7	24.4	40.5
(3)+(4)	53.0	64.4	57.1	65.3	53.4	61.6	67.6	79.3	85.6	79.1	89.5

問28(ア)　構成比（％）

2) 内閣府国民生活局の国民生活選好度調査は，国民生活政策の立案のための参考資料とするために1978年度以降3年ごとに実施している。この項目による調査は，2008年度をもって廃止された。

第2編　実　証　編

【図表3-3】

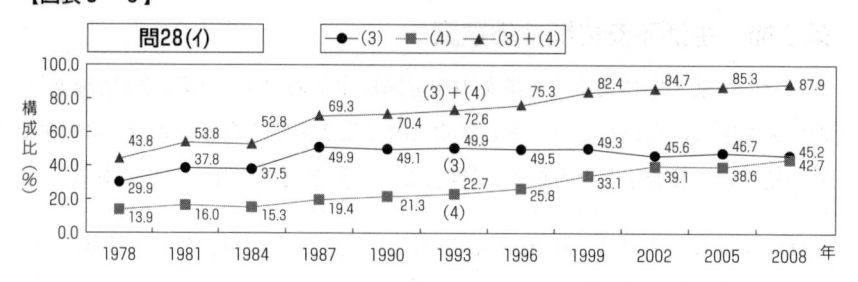

問28(イ)　—●—(3)　—■—(4)　—▲—(3)+(4)

構成比(%)

年	1978	1981	1984	1987	1990	1993	1996	1999	2002	2005	2008
(3)+(4)	43.8	53.8	52.8	69.3	70.4	72.6	75.3	82.4	84.7	85.3	87.9
(3)	29.9	37.8	37.5	49.9	49.1	49.9	49.5	49.3	45.6	46.7	45.2
(4)	13.9	16.0	15.3	19.4	21.3	22.7	25.8	33.1	39.1	38.6	42.7

　この結果によれば，長期的に見て，暮らし向きや老後の生活に不安を感じる者の割合｛(3)＋(4)｝が増加傾向にある。また，近年になるほど，その不安をはっきりと示す人(4)の割合が高まっている。2008年では，9割近く｛(3)＋(4)｝が将来の生活に不安を抱えている。

　本調査でも，この点を確認するために，「あなたが不安に感じる大きな要因は何ですか（回答は五つまで）」という質問をした。その結果，「年金制度の破綻」を回答する者が54.0％と最も多く，20代を含むすべての年齢階級において高い割合であった。次いで多かったのが「自分や家族の病気や事故」で43.9％であった。

第3章　人々の望む将来社会のイメージと租税負担意識の調査結果

【図表3－4】　＜40％以上を太字で表示＞　　　　　　　　　　（単位：％）

	合計	20代	30代	40代	50代	60代
度数（n）	1,000	163	211	206	192	228
年金制度の破綻	**54.0**	**42.3**	**51.7**	**50.5**	**60.4**	**62.3**
自分や家族の病気や事故	**43.9**	26.4	**44.5**	**46.6**	**46.9**	**50.9**
政治の不安定	39.9	**49.1**	37.4	31.6	32.8	**49.1**
経済の停滞	38.6	**47.2**	39.3	38.3	38.5	32.0
自然災害	32.6	27.6	36.0	29.1	29.2	39.0
親の介護	25.7	15.3	28.9	37.9	31.3	14.5
雇用の不安定さ	25.0	38.7	30.8	28.2	25.5	6.6
医療制度の崩壊	24.1	14.7	22.3	20.4	22.4	37.3
財政赤字	21.1	31.9	21.8	18.9	13.5	21.1
教育環境の悪化	17.6	17.8	35.1	21.8	9.4	4.4
自然環境の破壊	16.3	11.0	15.6	13.1	17.2	22.8
外国の脅威	11.7	14.1	13.7	11.7	6.8	12.3
治安の悪化	8.7	4.9	8.5	7.8	13.5	8.3
その他	1.9	1.2	0.9	2.4	3.1	1.8
特に不安は感じない	5.8	6.7	3.8	6.3	6.8	5.7

第3節　人々の望む将来社会のイメージ

　人々は，生活面での不安が拡大する中で，将来，どのような社会保障制度の在り方を望んでいるのであろうか。厚生労働省「社会保障制度改革の方向性と具体策」[3]によれば，現在の社会保障制度は，次の①～③のような考え方の組み合わせによって形成されるとしている。

① 　自ら働き，自らの生活を支え，自らの健康は自ら維持するという「自助」を基本とすること
② 　生活や健康のリスクを，国民間で分散する「共助」が補完すること
③ 　「自助」や「共助」では対応できない困窮に直面している国民に対して

3） 厚生労働省「社会保障制度改革の方向性と具体策―「世代間公平」と「共助」を柱とする持続可能性の高い社会保障制度―」（平成23年5月12日）2頁。

は，一定の受給要件の下で，公的扶助や社会福祉などを「公助」として行う

人々は，「自助」，「共助」，「公助」のいずれにウエイトを置くことを望んでいるのであろうか。言い換えると，社会保障制度の運営・運用は，国，地方自治体，コミュニティー，企業，ＮＰＯ等，国民自身が相互に関わり合うことによって行われているが，個人レベルでは対処できない生活上のリスクをいずれの主体が中心となって解決することを人々は望んでいるのであろうか。

典型的な社会モデルとしては，アメリカ型の低福祉・低負担の社会と北欧型の高福祉・高負担の社会がある。アメリカのように「小さな政府」にすれば，個人は市場を通して医療や教育等のサービスを商品として購入することになるので，必ずしも個人の可処分所得が増えることにはならない。一方，北欧諸国は，国民負担は大きいが，政府が医療や教育を公共サービスとして無償又は廉価で提供している[4]。

将来社会のイメージについては，多様な価値観が存在すると考えられる。日本人の大多数は，「自助」を前提とする効率的な競争社会を望んでいるとの見方[5]もある。しかし，実際はどうであろうか。人々は将来どのような社会になることを思い描いているのかについて，おおよそのイメージを把握するために，次の質問をした。

> **(問1)** 日本は，将来，どのようなイメージの社会を目指すべきだと思いますか。（回答は一つ）
> ① 個人の自由競争と自助を重視し，共益的又は公益的なサービスは，

---

[4] 権丈善一・権丈英子『年金改革と積極的社会保障政策』163～167頁（慶応義塾大学出版会，2009），山口二郎『ポピュリズムへの反撃 －現代民主主義復活の条件』204頁（角川書店，2010）。

[5] 小泉政権下で経済財政担当大臣をつとめた竹中平蔵は，「日本の基本思想は"自助"，それが圧倒的多数の考えだ」との認識をもっており，日本の人々が不安に思っているのは，日本の経済成長力や競争力に対する不安であるとの趣旨のことを述べている。そして，政治家も官僚も常に利己的な存在であるので，政府は小さいほうがよいとの見解を述べている（2010.8.14・21週刊東洋経済56頁）。

第3章 人々の望む将来社会のイメージと租税負担意識の調査結果

　　できるだけ地域のコミュニティー，ＮＰＯ（民間の非営利組織）など
　　の民間の自発的な非営利活動に委ね，政府はあまり関与しないような
　　社会
② 　伝統的な日本型経営のよい点を復活させ，企業が安定雇用を確保す
　　ることによって，従業員の生活を支えてくれるような社会
③ 　全国民を対象として福祉を充実させ，国民がそれに見合った税金や
　　社会保険料を負担し，国や地方の政府が中心となってそれらの業務を
　　遂行するような社会（高福祉・高負担の社会）
④ 　その他（　　　　　　　　）

　この質問及び選択肢の設定は，北海道大学「日本人が望む社会経済システムに関する世論調査」（2008年1月）[6]を参考にしている。この世論調査の質問項目の中に，「これからの日本のあるべき姿として，あなたのイメージに最も近いのはどれですか。（一つまで選択）」というものがあり，その回答結果は次のとおりであった。

１．アメリカのような競争と効率を重視した社会	6.7%
２．北欧のような福祉を重視した社会	58.4%
３．かつての日本のような終身雇用を重視した社会	31.5%
４．（わからない・答えない）	3.4%

---

[6] 　本調査で特に参考にした世論調査に，北海道大学市民社会民主主義研究プロジェクト・福祉レジーム研究プロジェクト・北海道新聞情報研究所による「日本人が望む社会経済システムに関する世論調査　2008年1月」（研究代表者：山口二郎，宮本太郎）がある。これは，ＲＤＤ法により2007年11月24日～27日に実施したものである。
　　また，本調査における「あなたが不安に感じる大きな要因は何ですか」（図表3－4）の質問も，北海道大学の世論調査（問3）「これからの生活を脅おびやかすものは何だと思いますか（一つまで選択）」を参考にしている。その世論調査でも，生活の脅威として，55.6％もの人々が「年金制度の破綻」を選んでいる。

第2編　実　証　編

　筆者は，この中で特に「北欧のような福祉を重視した社会」を支持する者が58.4％もいた点に注目した。高福祉社会を望む者が多いとしても，そのような社会を実現するために，税金等の高負担を受け入れる人々が果たしてどれだけいるのかに関心を持った。

　本調査でも，上述のとおり同様の趣旨の質問をしたが，上記2の選択肢の内容をより具体的に表現するため，「③全国民を対象として福祉を充実させ，国民がそれに見合った税金や社会保険料を負担し，国や地方の政府が中心となってそれらの業務を遂行するような社会（高福祉・高負担の社会）」と下線部分を明示した。

　なお，「中福祉・中負担の社会」[7]という考え方があるが，方向性が漠然としており，どこが中心になって公益的なサービスを担うのかがわかりにくかったので，今回は選択肢に入れなかった。

　本調査の回答結果は，次のとおりである。

イ　年齢階級別分析

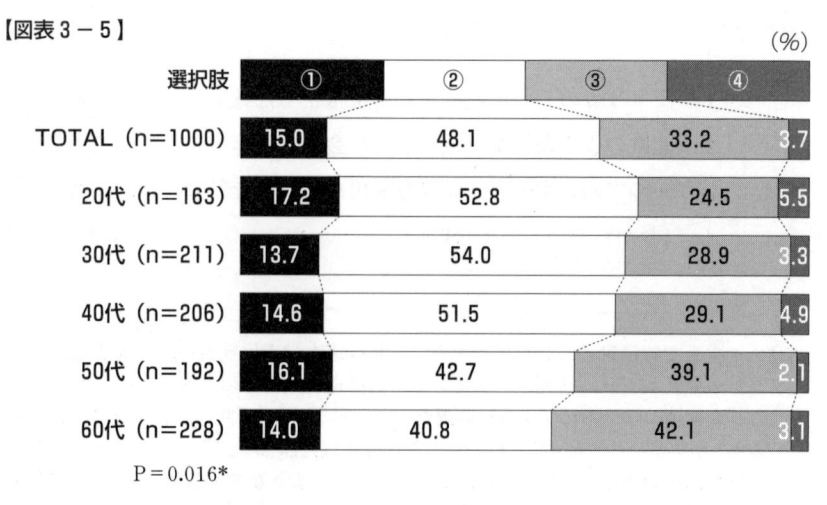

【図表3－5】　　　　　　　　　　　　　　　　　　　　　　　　　(％)

選択肢	①	②	③	④
TOTAL (n=1000)	15.0	48.1	33.2	3.7
20代 (n=163)	17.2	52.8	24.5	5.5
30代 (n=211)	13.7	54.0	28.9	3.3
40代 (n=206)	14.6	51.5	29.1	4.9
50代 (n=192)	16.1	42.7	39.1	2.1
60代 (n=228)	14.0	40.8	42.1	3.1

P＝0.016*

7）　経済財政諮問会議「持続可能な社会保障構築とその安定財源確保に向けた『中期プログラム』」（平成20年12月24日閣議決定）。

第3章　人々の望む将来社会のイメージと租税負担意識の調査結果

全体では，伝統的な企業中心の共助型社会である②を支持した者が最も多く，全体の48.1%を占めている。次いで，政府が中心的役割を担う高福祉・高負担社会の③を支持した者が全体の33.2%となっている。地域のコミュニティー等による民間主導の共助型社会の①を支持した者は全体の15.0%にとどまった。

①を支持する人々は各年齢階級にほぼ同じ割合で存在する。②は年齢階級が上がるにつれて減少し，③は年齢階級が上がるにつれて増え，60代では42.1%が支持している。

ロ　男女別分析

【図表3－6】
(%)

選択肢	①	②	③	④
TOTAL (n=1000)	15.0	48.1	33.2	3.7
男性 (n=502)	16.9	50.6	30.1	2.4
女性 (n=498)	13.1	45.6	36.3	5.0

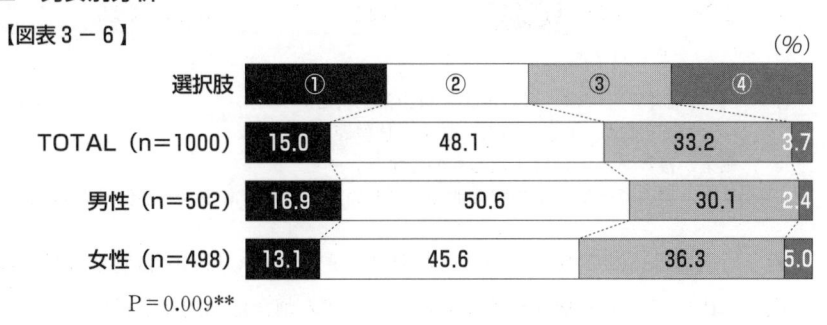

$P = 0.009**$

男性は①と②の割合が女性を上回り，女性は③の割合が男性を上回っている。

ハ　世帯収入区分別分析

有意差なし（$P = 0.077$）。

第2編　実　証　編

二　職業別分析

【図表3-7】

選択肢	①	②	③	④
TOTAL（n=1000）	15.0	48.1	33.2	3.7
給与所得者（n=453）	15.9	52.1	29.4	2.6
自営業等（n=104）	19.2	49.0	25.0	6.7
専業主婦（夫）（n=220）	12.7	45.0	38.2	4.1
その他（n=223）	13.4	42.6	39.9	4.0

$P=0.025*$

（注）「自営業者等」には，農林漁業，自由業を含む。
　　　「その他」には，年金生活者，学生，無職等を含む。
　　　職業が複数ある場合は主たるものとする。
　　　以下，第3章と第4章の職業別分析において，同様である（一部例外もあり）。

給与所得者は，②の割合が52.1％と他の職業と比べて高い。自営業等は，他の職業と比べて，①の割合が19.2％と高く，③の割合は25.0％と低い。

本調査の結果，③の高福祉・高負担社会については，税金等の高負担を明示したために，上記北海道大学の世論調査の結果（「北欧のような福祉を重視した社会」：58.4％）よりもかなり低くなった。また，③の支持者は，高福祉は支持しても，必ずしも自ら高負担を受け入れるわけではないことも，本調査の結果わかった（第4章第6節参照）。

本調査の上記質問では，回答しやすいように，日本が将来目指すべき社会のイメージを便宜的に三つのモデルで提示した。しかし，実際上は，モデルはほかにも考えられるであろう。また，この三つのモデルの価値観は，現実社会においては，相互に排除し合うものではなく，併存するものである。厚生労働省の上記報告書にあったように，社会保障制度は自助，共助，公助の考え方の組み合わせによって形成される。

第3章　人々の望む将来社会のイメージと租税負担意識の調査結果

　本調査の結果では，③の政府が中心的な役割を担う社会よりも，②の企業中心の共助型の社会を支持する人々のほうが多い。これらの支持率は，現時点における企業と国（政府）に対する信頼感や期待感の指標値と解釈することができるであろう。この指標値は，今後の政府の政策などによって変化するものである。政府の役割の重要性は今後も変わることがないとすれば，企業に対する人々の信頼感や期待感は何から生まれているのかを分析し，政府として取り入れるべきところはないのか考えてみる必要があるのではないか。筆者の立場では，具体的な論究は難しいが，本書の終章でこの点について少し触れることにしたい。

　（問1）の回答結果によれば，人々が望む将来社会のイメージとして，伝統的な企業中心の共助型社会を支持する人々が最も多かった。かつての日本では，会社組織に所属すれば，長期雇用制度と年功序列型賃金制度によって，一定の雇用上の地位を得ることができた。こうした社内の制度は，大多数の人々に安心感を与えた。日本の社会構造は「会社」を中核として出来上がった社会であり，作家の邱永漢氏はこれを「会社社会」[8]と呼び，1970年代に「北欧では国家が福祉を行う。中国の社会では家族がこれを行う。日本では『家族』から『国家』へ移行する過程に『会社』というものがあって，会社が国家と家族がやるべき機能を果たしている」[9]と述べている。日本的経営の時代，会社は株の持ち合いによって株主権の行使を封殺し，経営者と従業員の疑似共同体としての性格を強めていた。

　ところが，バブル崩壊以降の長期にわたる経済の低迷とグローバル化の進展により，経営合理化が推し進められた結果，非正規雇用の割合が3割を超え，会社の福利厚生機能は低下した。こうした状況にもかかわらず，本調査によれば，②の社会モデルを支持する人々が最も多い。20代や30代からも支持が得られていることから，過去への郷愁だけではなく，未来志向型の願望も含まれて

8）　邱永漢『会社社会ニッポン』（実業之日本社，1994）。1974年7月～75年3月まで「会社社会」と題して日本工業新聞に連載したもの。
9）　邱・前掲注（8）84頁。

いると思われる。社会起業家フォーラム代表の田坂広志氏は，日本型経営の原点に回帰し，その良い点が見直され，情報技術の活用などの未来進化が加わって，螺旋的発展が起こると予測する[10]。人々の思いが重なることにより，日本独自の新たな社会モデルを形成していくこともあり得るだろう。

しかし，企業のような共同体に，従業員の生活保障のためのリスク・シェルターとしての機能を負わせることには，やはり限界もある。経済のグローバル化の進展という状況下で，国際競争の点から日本企業に不利な条件を負わせることは，海外への企業の転出を後押しするか，あるいは，企業の競争力を低下させ倒産へつながることになりかねないとの指摘[11]もある。

伝統的な企業中心の共助型社会を支持する人々が多いといっても，政府の役割の重要性は今後も変わることはないであろう。

第4節　ボランティアに関する意識

第3節で示したとおり，①の民間主導型の共助型社会を支持した者は，全体の15.0％にとどまった。地域のコミュニティーやNPOが共助サービスを担うことへの人々の期待は，現時点ではまだ低いといえる。それでは，民間レベルの共助が今後拡大していく可能性は，どうであろうか。市民，NPO，企業などが積極的に公共的な財・サービスの提供主体となり，身近な分野において，共助の精神で活動する「新しい公共」の推進について検討されている[12]。そこで，このような活動の主体となり得る者は，現段階でどの程度存在しているのかを調査するために，次の質問をした。

---

[10] 田坂広志『Invisible Capitalism 目に見えない資本主義　貨幣を超えた新たな経済の誕生』216頁（東洋経済，2009）。

[11] チャールズ・ユウジ・ホリオカ・神田玲子「『市場か，福祉か』を問い直す―日本経済の展望は「リスクの社会化」で開く―」『NIRA研究報告書』，17頁。

[12] 「政府の取組に対する『新しい公共』推進会議からの提案」（平成22年11月12日『新しい公共』推進会議）など参照。

第3章　人々の望む将来社会のイメージと租税負担意識の調査結果

(問2) 福祉，啓発，教育，子育て支援，防災，環境保護などのボランティア活動を通じて，社会のために役立つことをしたいと思いますか。（回答は一つ）

① これまでボランティア活動を行ったことがあり，これからもやっていきたいと思う。
② 自分に合ったものが見つかれば，実際にやってみたいと思う。
③ 人に誘われたり，あるいは生活にゆとりがあれば，そういう気持ちになるかもしれない。
④ ボランティア活動よりも，趣味や旅行など個人の生活を大切にしたいと思う。
⑤ その他（　　　　　）

イ　年齢階級別分析

【図表3-8】

(%)

選択肢	①	②	③	④	⑤
TOTAL (n=1000)	13.8	34.6	33.2	16.9	1.5
20代 (n=163)	11.0	38.7	31.9	17.8	0.6
30代 (n=211)	9.5	33.2	39.8	17.1	0.5
40代 (n=206)	11.2	31.1	38.8	17.5	1.5
50代 (n=192)	10.4	31.8	35.4	20.3	2.1
60代 (n=228)	25.0	38.6	21.1	12.7	2.6

P＝0.000***

　全体では，積極参加の①が13.8％，関心の高い②は34.6％，やや消極派の③が33.2％，個人生活重視の④が16.9％となっている。（①＋②）と（③＋④）がほぼ拮抗している状態である。

第2編　実　証　編

　年齢階級別に見ると，ボランティア活動への意欲や関心が最も高い世代は，60代である。60代は，積極参加の①が25.0％，関心の高い②が38.6％となっている。60代はボランティア活動への参加意欲もさることながら，収入確保や社会との接点を求めて，元気なうちは仕事を継続したいと考えている者が多いのではないだろうか（後述）。

　なお，内閣府・平成22年度国民生活選好度調査[13]）の調査項目の中に，ボランティアやＮＰＯ活動のような社会的なサービスを提供する活動に，あなたはどのように参加したいですかという質問があり，その回答結果として「これまでも参加していたが，今後はもっと活動を増やしたい」が13.8％，「これまで参加していなかったが，今後は自ら参加したい」が32.7％となっていた。この結果は，上記本調査の①と②の結果とほぼ一致する。

□　男女別・年齢階級別分析

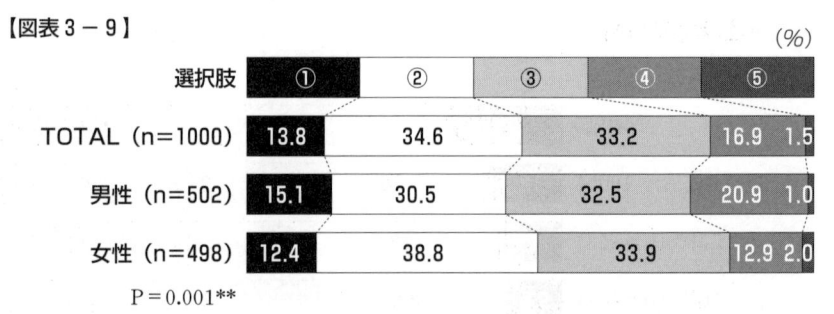

【図表3－9】
(%)

選択肢	①	②	③	④	⑤
TOTAL (n=1000)	13.8	34.6	33.2	16.9	1.5
男性 (n=502)	15.1	30.5	32.5	20.9	1.0
女性 (n=498)	12.4	38.8	33.9	12.9	2.0

P＝0.001**

　ボランティア活動について積極参加の①と高い関心の②の割合を合計して比較すると，女性（51.2％）が男性（45.6％）を上回る。個人生活重視の④の割合は，男性（20.9％）が女性（12.9％）を上回る。

13）　内閣府・平成22年度国民生活選好度調査結果
　　　調査対象：母集団全国に居住する15歳以上80歳未満の男女，標本数5,000人（層化二段無作為抽出法）。調査期間：平成23年3月3日～3月13日（11日間）。調査方法：調査員が調査票を配布，回収する訪問留置法。有効回収数（率）：3,578人（71.6％）。

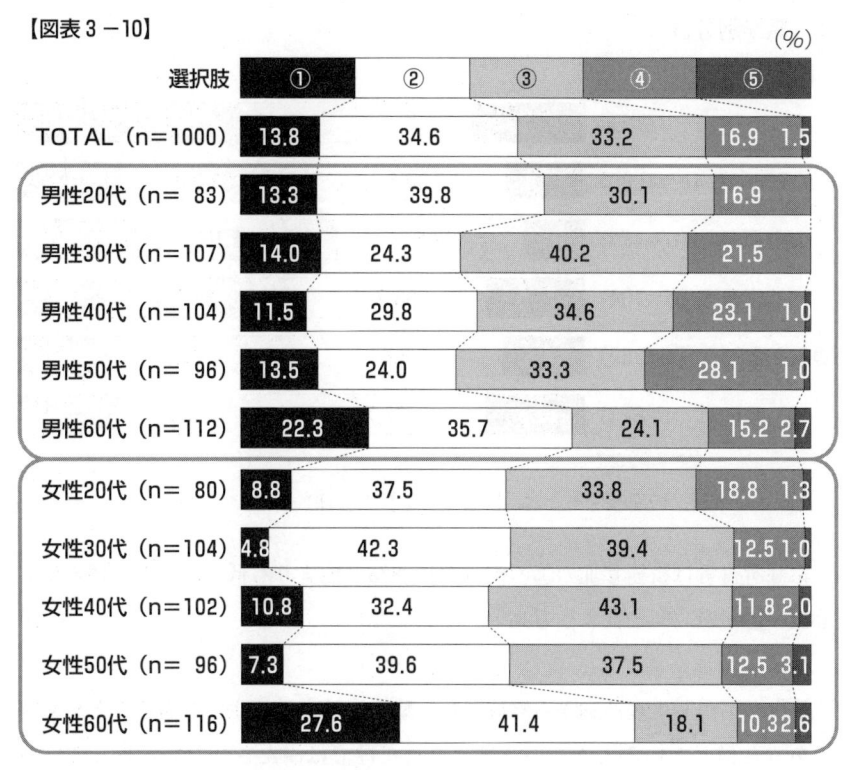

第3章 人々の望む将来社会のイメージと租税負担意識の調査結果

【図表3-10】
(%)

選択肢	①	②	③	④	⑤
TOTAL (n=1000)	13.8	34.6	33.2	16.9	1.5
男性20代 (n= 83)	13.3	39.8	30.1	16.9	
男性30代 (n=107)	14.0	24.3	40.2	21.5	
男性40代 (n=104)	11.5	29.8	34.6	23.1	1.0
男性50代 (n= 96)	13.5	24.0	33.3	28.1	1.0
男性60代 (n=112)	22.3	35.7	24.1	15.2	2.7
女性20代 (n= 80)	8.8	37.5	33.8	18.8	1.3
女性30代 (n=104)	4.8	42.3	39.4	12.5	1.0
女性40代 (n=102)	10.8	32.4	43.1	11.8	2.0
女性50代 (n= 96)	7.3	39.6	37.5	12.5	3.1
女性60代 (n=116)	27.6	41.4	18.1	10.3	2.6

男性 P = 0.053　　女性 P = 0.000***

年齢階級別に見ると，ボランティア活動について積極参加の①の割合は，20代～50代までは，男性のほうが女性を若干上回っている。しかし，60代になると，逆に，男性22.3％に対し，女性が27.6％と女性が男性を上回る。ボランティア活動に関心の高い②の割合は，30代～60代は女性が男性を上回っている。

男性は，個人生活重視の④の割合が，年代が上がるにつれて増えており，50代男性では28.1％もいる。女性の④の割合は，どの年代も10％台である。

八　世帯収入区分別分析

有意差なし（P = 0.630）。

第2編　実　証　編

二　職業別分析

【図表3－11】

(%)

選択肢	①	②	③	④	⑤
TOTAL（n=1000）	13.8	34.6	33.2	16.9	1.5
給与所得者（n=453）	10.8	32.5	35.1	21.2	0.4
自営業等（n=104）	17.3	33.7	33.7	11.5	3.8
専業主婦(夫)（n=220）	14.5	36.4	35.5	11.8	1.8
その他（n=223）	17.5	37.7	26.9	15.7	2.2

P＝0.002＊＊

（注）「職業別」の意味：第3章【図表3－7】の（注）参照。

　給与所得者は積極参加の①の割合が10.8％と他よりも低く，また，個人生活重視の④が21.2％と他よりも高い。

　現役を引退し生産活動から解放され，悠々自適な消費生活を送ることが幸福であると信じている人々もいれば，それだけでは満たされないと思っている人々もいる。現役引退後の過ごし方は，人それぞれであるが，ここで興味深い洞察を紹介しておきたい。それは，人々の人間関係は，「消費」ではなく「生産」という行為により結びついているということである。評論家の福田恆存氏が昭和36年に書いた「消費ブームを論ず」の中で「人間は生産を通じてでなければ附合へない。消費は人を孤獨に陥れる」[14]と述べている。家事労働を含め，生産する行為にこそ，人々の結びつきを深めるものがあるということである。
　一般的には人々の消費を満足させるために，生産がその手段として位置づけられている。しかし，受身的に消費をするだけでは満たされないと感じることがある。消費自体は単発で終わるが，ある消費をきっかけにして自分で生産し

---

14)　福田恆存「消費ブームを論ず」（「紳士讀本」昭和36年6月創刊号）『福田恆存評論集　第十六巻　否定の精神』346頁（麗澤大学出版会，2010）。

第3章　人々の望む将来社会のイメージと租税負担意識の調査結果

たモノを他者に提供することによって，満足感を得ることがある。

　日本には，伝統的に労働を苦役ととらえるのではなく，定年を迎えても「元気なうちは，世の中の役に立ちたい」と考える労働観や，いかなる職業であっても「世のため，人のため」という使命感を持って働くということを尊いと考える職業観も存在していた[15]。世の中の人々に喜びを与えるようなモノやサービスを考えて提供し，それによって自分自身が得られる喜びは，有償・無償を問わず，普遍的に価値のあることなのかもしれない。人生経験豊かな人々が，日々の生業を通じて，社会とプラグをつなぎ，その輪を広げていけば，社会的な信頼，連帯，協調を促し，社会関係資本を充実させることができる。コストをかけずに，社会の効率性を高めることができる。このような社会は，人々の意識しだいで実現できるものなのかもしれない。

第5節　リスクの社会化に関する意識

　人々は生活上のリスクを社会全体でカバーすることについて，どのような意識を持っているのかを調べるため，子育て支援，老後の生活保障，貧困対策を取り上げて，調査を行った。

1　子育て支援に関する意識

　かつては，企業の長期的雇用慣行などにより夫の勤労で所得を確保し，子育てや高齢者の介護については，家庭での専業主婦の苦労によるところが大きかった。しかし，1990年代後半から，世帯の平均所得の減少[16]や共働き夫婦世帯の増加[17]などによって，子育てや高齢者の介護を家族の力だけで対応する

---

15)　田坂・前掲注（10）150頁。
16)　厚生労働省「平成21年国民生活基礎調査の概要」の1世帯当たり平均所得金額の年次推移によれば，児童のいる世帯の平均所得金額のピークは平成8年で781.6万円となっていたが，平成20年では688.5万円まで減少した。また，総務省統計局労働力調査の「雇用形態別雇用者数」によれば，平成11年の労働者派遣法改正以降，非正規雇用の割合が増加傾向にあり，平成22年では34.4%となっている。
17)　内閣府『男女共同参画白書　平成23年版』「第1－2－18図，共働き等世帯数の推移」によれば，平成11年では共働き世帯が929万，男性雇用と専業主婦の世帯が912

第2編 実 証 編

ことが困難になってきた。そこで人々の子育てに関する意識を調査するために，次の質問をした。

> **（問3）** 子育てに対する支援の在り方について，どのように考えますか。
> 　　　　（回答は一つ）
> ① 子育ては，できるだけ家族の自助努力で行うべきであり，政府や社会的支援に頼るべきではない。
> ② 子育ては，できるだけ職場，地域のコミュニティー，ＮＰＯ（民間の非営利組織）などの民間レベルの助け合いによって行われるべきである。
> ③ 子育ては，できるだけ税金を財源として，国や地方の政府が支援を行うべきである。
> ④ その他（　　　　　）

イ　年齢階級別分析

【図表3－12】

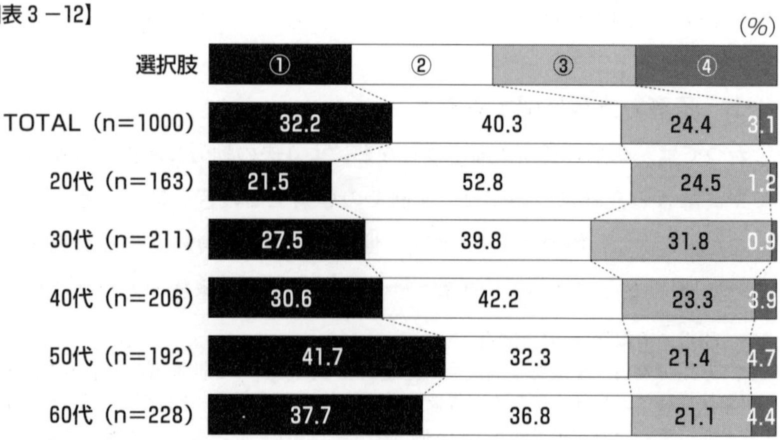

(%)

選択肢	①	②	③	④
TOTAL (n=1000)	32.2	40.3	24.4	3.1
20代 (n=163)	21.5	52.8	24.5	1.2
30代 (n=211)	27.5	39.8	31.8	0.9
40代 (n=206)	30.6	42.2	23.3	3.9
50代 (n=192)	41.7	32.3	21.4	4.7
60代 (n=228)	37.7	36.8	21.1	4.4

P＝0.000＊＊＊

万であったが，平成22年では前者が1,012万，後者が797万と，両者の差が拡大した。

第3章　人々の望む将来社会のイメージと租税負担意識の調査結果

全体では，子育てについて民間主導の共助型の②を選ぶ者が40.3％と最も多く，次いで，自助型の①が32.2％，政府による公助型の③が24.4％となっている。

年齢階級別に見ると，自助型の①を選択する人々は，20代が21.5％，30代が27.5％，40代が30.6％，50代が41.7％と年齢階級が上がるにつれて増えている。60代も37.7％と高いほうである。一方，20代は共助型の②を選択する者の割合が52.8％と他と比べて高い。また，30代は，公助型の③を選択する者の割合が31.8％と他と比べて高い。20代と30代は子育てに共助又は公助を求める割合が高いのに対して，50代と60代は自助の考えを持っている割合が高い。

50代と60代の一層の理解が得られないと，たとえば，配偶者控除を廃止して，子育て支援の財源を確保するというような政策の実現は難しいであろう。

□　男女別・年齢階級別分析

【図表3-13】
(％)

選択肢	①	②	③	④
TOTAL (n=1000)	32.2	40.3	24.4	3.1
男性 (n=502)	36.5	36.3	25.9	1.4
女性 (n=498)	27.9	44.4	22.9	4.8

P = 0.000**

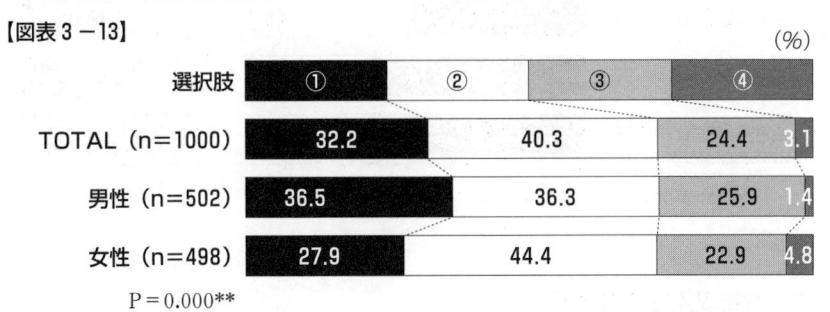

子育てについて，自助型の①を選ぶ割合は，男性が36.5％と，女性の27.9％よりも高い。一方，共助型の②を選ぶ割合は，女性が44.4％と，男性の36.3％よりも高い。

これは，次の【図表3-14】を見るとわかるが，20代と30代の女性の意識と50代と60代の男性の意識の違いが特に反映されている。共助型の②を選ぶ割合は，20代女性で57.5％，30代女性で49.0％と高い。一方，自助型の①を選ぶ割合は，50代男性が44.8％，60代男性が43.8％と高い。

第2編　実　証　編

【図表3－14】

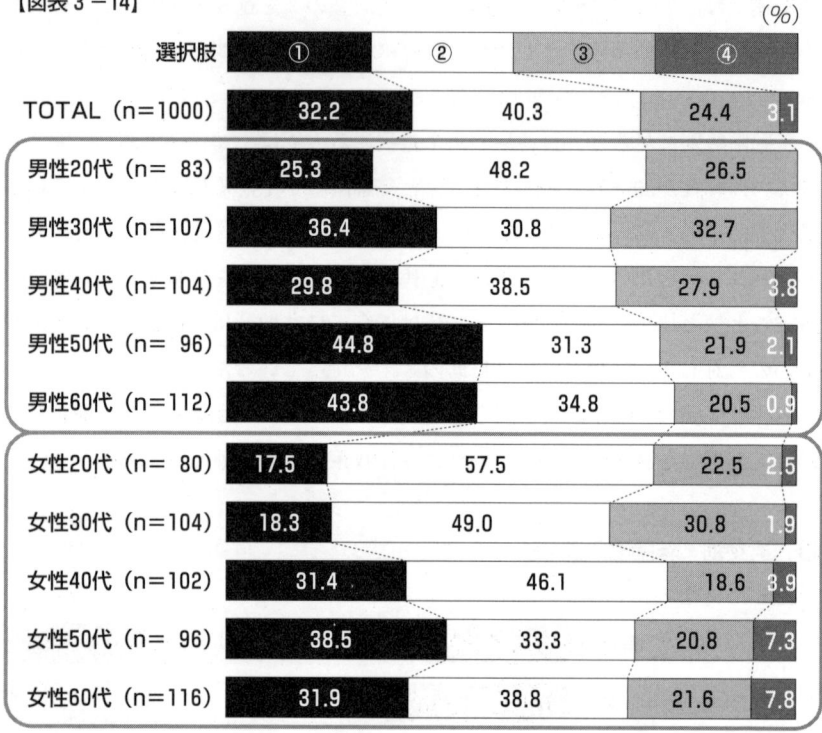

(%)

選択肢	①	②	③	④
TOTAL (n=1000)	32.2	40.3	24.4	3.1
男性20代 (n= 83)	25.3	48.2	26.5	
男性30代 (n=107)	36.4	30.8	32.7	
男性40代 (n=104)	29.8	38.5	27.9	3.8
男性50代 (n= 96)	44.8	31.3	21.9	2.1
男性60代 (n=112)	43.8	34.8	20.5	0.9
女性20代 (n= 80)	17.5	57.5	22.5	2.5
女性30代 (n=104)	18.3	49.0	30.8	1.9
女性40代 (n=102)	31.4	46.1	18.6	3.9
女性50代 (n= 96)	38.5	33.3	20.8	7.3
女性60代 (n=116)	31.9	38.8	21.6	7.8

男性 $P=0.019*$　　女性 $P=0.004**$

八　世帯収入区分別分析

有意差なし（$P=0.260$）。

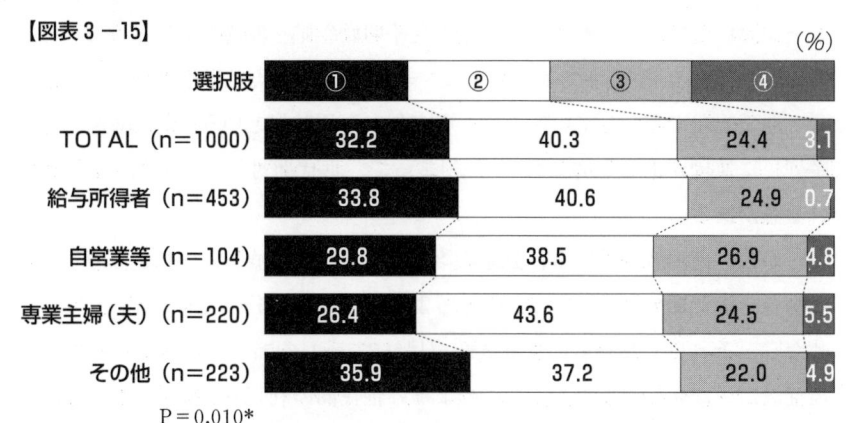

第3章　人々の望む将来社会のイメージと租税負担意識の調査結果

二　職業別分析
【図表3－15】
(%)

選択肢	①	②	③	④
TOTAL (n=1000)	32.2	40.3	24.4	3.1
給与所得者 (n=453)	33.8	40.6	24.9	0.7
自営業等 (n=104)	29.8	38.5	26.9	4.8
専業主婦(夫) (n=220)	26.4	43.6	24.5	5.5
その他 (n=223)	35.9	37.2	22.0	4.9

P = 0.010*

（注）「職業別」の意味：第3章【図表3－7】の（注）参照。

　専業主婦（夫）は，自助型の①の割合が26.4%と他よりも低く，共助型の②の割合が43.6%と他よりも高い。これは，上記ロの女性の回答結果と関連している。

2　世代間の公平に関する意識

　厚生労働省の「社会保障制度改革の方向性と具体策」[18]によれば，人口に占める高齢世代の割合が上昇するとともに，景気低迷，デフレ，不安定就労増加等によって現役世代の経済力が減退する中，現在の社会保障制度は社会の構造変化や現役世代のリスクの高まりに十分対応してきていないことから，現役世代は先行きに対する不安感と負担感を強めており，社会保障制度への不信感も高まっており，世代間の公平を図っていくことが喫緊の課題であるとされている。

　現在の年金の受給開始年齢は，国民年金加入者の場合は65歳であり，厚生年金加入者の場合は60歳から65歳にまで引き上げられることが計画されている。

---

18)　厚生労働省・前掲注（3）7頁。

世代間の公平の確保を主張する見解[19]は，多々見られる。中には，元気なお年寄りが急増していることから，年金の受給開始年齢を80歳に引き上げるべきだという極端な意見[20]もある。さらに，若者世代が新規採用抑制や雇用の流動化・非正規化で苦労しているのは，中高年の雇用確保という既得権維持（年功序列）に原因があるとの主張[21]と相まって，世代間対立を一層深刻化させている感がある。

しかし，高齢者が受ける社会保障給付は，一つの家族あるいは親族単位で見た場合，世代間の対立としてとらえるよりは，共有部分が大きいといえる。なぜなら，それは，高齢者の扶養義務（民法877条）を有する親族にとっては負担軽減につながるからである。このように世代間の利害が交錯する中，各世代がどのように感じているのかを調査するために，次の質問をした。

> **（問4）** 社会保障については，高齢世代は受益が負担よりも大きいのに対して，現役世代はその逆であり，世代間の不公平が問題となっています。もし，あなたの親族の高齢者，又は高齢者であるあなた自身が受ける年金，医療，介護の給付水準が引き下げられるとしたら，どう思いますか。（回答は一つ）
> ① 生活が本当に苦しくなってしまうので，給付水準は引き下げるべきではないと思う。
> ② 給付水準が多少引き下げられても生活にそれほど困るわけではないが，高齢者が安心して暮らすためには，給付水準は引き下げるべきではないと思う。
> ③ 高齢者といっても，元気な人や経済的にゆとりのある人もいるので，

---

19) たとえば，大竹文雄『競争と公平感　市場経済の本当のメリット』155頁（中公新書，2010）参照。
20) 古賀茂明『官僚の責任』175頁（ＰＨＰ新書，2011）。
21) 城繁幸『若者はなぜ3年で辞めるのか？年功序列が奪う日本の未来』（光文社新書，2006）。城繁幸・小黒一正・高橋亮平『世代間格差ってなんだ〜若者はなぜ損をするのか？』（ＰＨＰ新書，2010）。

本当に生活に困っている人を除き，給付水準は引き下げられても仕方がないと思う。
④　その他（　　　　　）

イ　年齢階級別分析

現役引退が近づきつつある50代は，生活苦による給付水準引下げ反対の①を選ぶ割合が42.2%と，他の年代よりも10%程度高い。質問の意図は，現在の高齢者に関する質問であるが，50代は自身の老後の生活不安を反映して回答をしている可能性もある。公的年金の受給開始年齢の引上げが計画されている中で，50代は，退職後，公的年金を受け取るまでの空白期間における生活の糧の確保に不安があると考えられる。

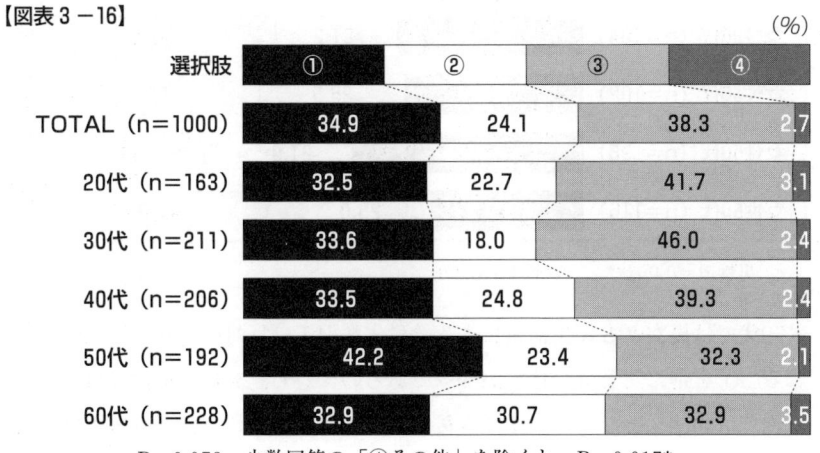

【図表3－16】
(%)

選択肢	①	②	③	④
TOTAL (n=1000)	34.9	24.1	38.3	2.7
20代 (n=163)	32.5	22.7	41.7	3.1
30代 (n=211)	33.6	18.0	46.0	2.4
40代 (n=206)	33.5	24.8	39.3	2.4
50代 (n=192)	42.2	23.4	32.3	2.1
60代 (n=228)	32.9	30.7	32.9	3.5

$P=0.073$。少数回答の「④その他」を除くと，$P=0.017*$

第2編 実　証　編

□　男女別・年齢階級別分析

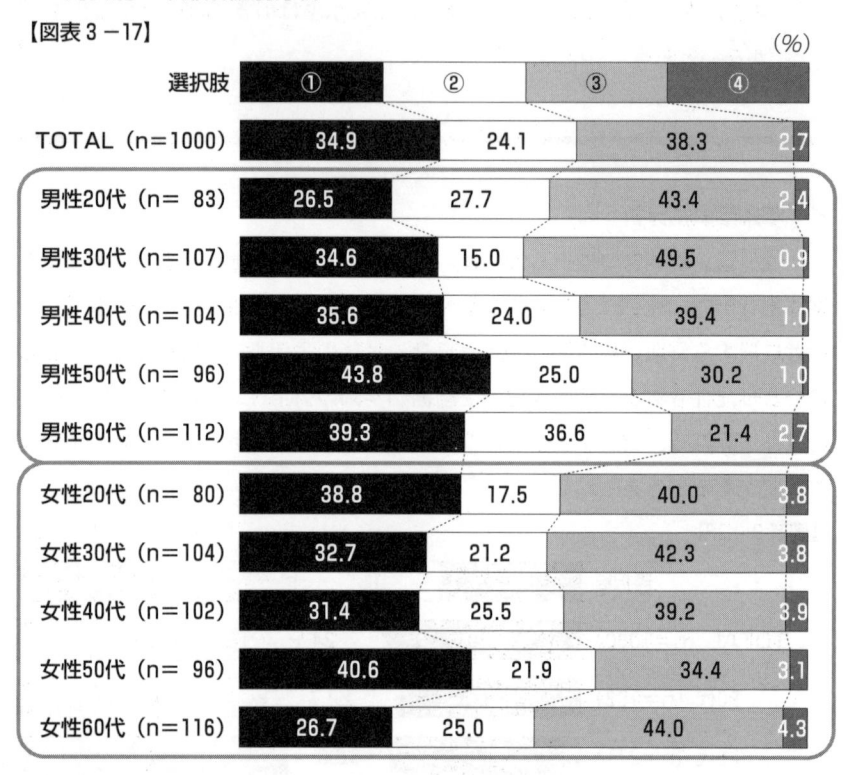

【図表3-17】
(%)

選択肢	①	②	③	④
TOTAL (n=1000)	34.9	24.1	38.3	2.7
男性20代 (n= 83)	26.5	27.7	43.4	2.4
男性30代 (n=107)	34.6	15.0	49.5	0.9
男性40代 (n=104)	35.6	24.0	39.4	1.0
男性50代 (n= 96)	43.8	25.0	30.2	1.0
男性60代 (n=112)	39.3	36.6	21.4	2.7
女性20代 (n= 80)	38.8	17.5	40.0	3.8
女性30代 (n=104)	32.7	21.2	42.3	3.8
女性40代 (n=102)	31.4	25.5	39.2	3.9
女性50代 (n= 96)	40.6	21.9	34.4	3.1
女性60代 (n=116)	26.7	25.0	44.0	4.3

男性 $P=0.002^{**}$　　女性 $P=0.970$

　50代では男女ともに生活苦による給付水準引下げ反対の①が多い点が注目される。①を選んだ者は全体で34.9%であるのに対し，50代の男性では43.8%，女性では40.6%となっている。今後は，年金の受給開始年齢が引き上げられていくという事情もあって，50代は，現役引退が近づくにつれ，老後への不安が高まっているのかもしれない。

　男性は，30代～60代へと年齢階級が上がるにつれて，高齢者が安心して暮らすために給付水準引下げ反対の②の割合が，15.0%，24.0%，25.0%，36.6%へと増加する一方で，給付水準引下げ容認の③の割合は，49.5%，39.4%，30.2%，21.4%へと減少している。

第3章 人々の望む将来社会のイメージと租税負担意識の調査結果

60代女性に着目すると，給付水準引下げ容認の③の割合は44.0％と他の年代よりも高く，また，同じ60代男性の21.4％と大きな開きがある。

八 世帯収入区分別分析

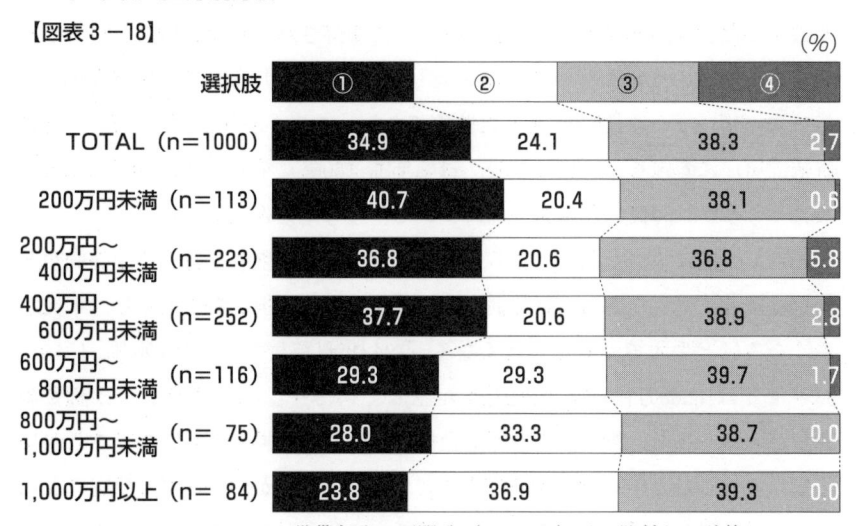

【図表3－18】
(%)

選択肢	①	②	③	④
TOTAL (n=1000)	34.9	24.1	38.3	2.7
200万円未満 (n=113)	40.7	20.4	38.1	0.6
200万円～400万円未満 (n=223)	36.8	20.6	36.8	5.8
400万円～600万円未満 (n=252)	37.7	20.6	38.9	2.8
600万円～800万円未満 (n=116)	29.3	29.3	39.7	1.7
800万円～1,000万円未満 (n=75)	28.0	33.3	38.7	0.0
1,000万円以上 (n=84)	23.8	36.9	39.3	0.0

P＝0.001＊＊。世帯収入の不明分（n＝137）は，除外して計算。

（注）「世帯収入」の意味：
・給与所得の場合，勤務先から支払いを受けた給料・賃金・賞与の合計収入金額。
・事業所得や不動産などの財産運用等による所得の場合，収入金額から仕入原価や必要経費を差し引いた金額。
・年金所得の場合，支給された年金の合計収入金額。
以下，第3章と第4章の世帯収入区分別分析において，同様である。

生活苦による給付水準引下げ反対の①の割合は，世帯収入が上がるにつれて，減少する。一方，経済的なゆとりはあっても不安感から引下げに抵抗感のある②の割合は，世帯収入が上がるにつれて，増加する。また，給付水準の引下げ容認の③は，世帯収入のすべての区分において，それぞれ約4割（36.8％～39.7％）存在するという興味深い結果となった。

第2編　実　証　編

二　職業別分析

有意差なし（P＝0.826）。

　「新しい公共」とは，一般に公共サービスを市民自身やＮＰＯが主体となり提供する社会を意味する。その担い手として期待されるのは，現役を引退して間もない団塊の世代だという意見[22]がある。団塊の世代は1947年から49年の第一次ベビーブーム期に出生した世代であり，この3か年で約664万人（総務省統計局）にのぼり，2007年以後，退職年齢（60歳）を迎えた。60代には元気な方々も多い。60代の社会的役割について少し考えてみたい。

　一定の仮定に基づく推計によると，一世帯当たりで生涯を通じた受益総額と負担総額を比較した場合，高齢世代では受益総額が負担総額を上回り，年代が高くなるほど生涯純受益が大きくなる。1943年以前生では4,875万円，1944～53年生では1,598万円の生涯純受益が生じている[23]。このような「高額受益者」がいる一方で，若年世代や将来世代では生涯純負担が多額になることが見込まれる。このように世代間格差が拡大しているにもかかわらず，政府による現行の給付制度の重点化・効率化の推進は，十分とはいえない。その背景には，既得権的な給付を減らされることに抵抗を示す人々への配慮もあるのだろう。将来世代を含む国民の負担によって，過分な受益を享受しているのであれば，本来それは社会に還元されることが道理ではないだろうか。「人間がもっている過剰なエネルギーは，分配したり贈与したりしない限り，呪いとなる」[24]

---

[22]　奥野信宏・栗田卓也『新しい公共を担う人びと』98頁（岩波書店，2010）。
[23]　財務省「日本の財政関係資料（平成23年9月）」24頁の「世代間の不公平拡大」（内閣府「平成17年度版　年次経済財政報告」を基に作成）参照。
[24]　釈徹宗・内田樹・名超康文『現代人の祈り　呪いと祝い』78頁（サンガ，2010）。引用文は，釈徹宗氏が内田樹氏との対談の中で，ジョルジュ・バタイユの『呪われた部分』（生田耕作訳，二見書房，1973年）を引用して，語っているものである。
　　釈氏は，さらに，「……自分が持っているものをシェアする，あるいは利他の精神を発揮する，それが布施というトレーニングです。これは日常生活の中で実践されねばなりません。常日頃，握っている手を離す，持ち物や気持ちを分配する，そのような実践を通して，私たちは『執らわれる』という枠組みを解体することができま

……かもしれないのである。

　給付を減らされることに抵抗があるのであれば，その代わりに労力を社会のために提供するという方法がある。つまり，ボランティア活動等を通じて，過分な受益を社会に還元する道がある。（問2）の回答結果にあるように，60代はボランティア活動への意欲が高い。現役引退者がそのような活動に参加し，かつ，継続しやすくなるように環境を整えていくことが求められる。また，その動機づけとして，「自主性，自発性」以上のもの，例えば，持続可能な社会を支えていくための義務感ないし使命感のような価値観が広く社会に定着していけば，継続的に活動をする人々が増えてくるかもしれない。

3　貧困対策に関する意識

　勤務先の会社の人員整理や倒産などにより，職を失う者もいる。また，景気低迷による業績不振等により自分で経営していた事業に失敗することがある。人々は，このような貧困のリスクをどのように意識しているのかを調査するために，次の質問をした。

（問5） 失業や貧困の問題に対して，どのように対処すべきだと思いますか。（回答は一つ）
① できるだけ自助努力で対処すべきであり，政府や社会的支援に頼るべきではない。
② できるだけ地域社会，ＮＰＯ（民間の非営利組織）などの民間レベルの助け合いによって，対処すべきである。
③ 政府が，税金を財源として，最低限の生活を維持するのに必要な経済的援助や自立支援策を行うべきである。
④ その他（　　　　　）

す。執らわれがなければ，苦悩多き人生を生き抜くことができます」（同79頁）と説いている。

イ 年齢階級別分析

有意差なし（P = 0.093）。

ロ 男女別分析

【図表3-19】

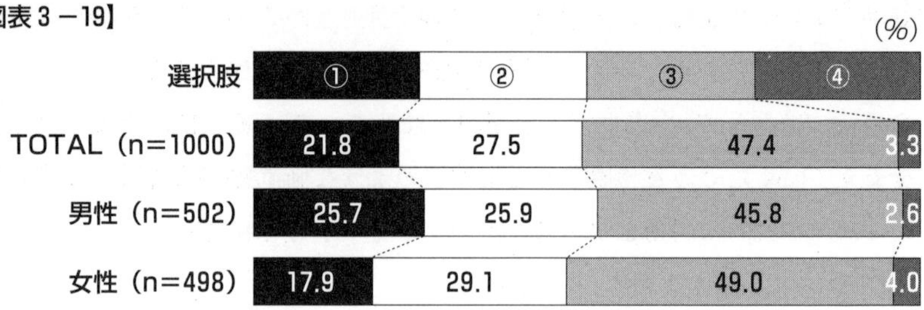

(%)

選択肢	①	②	③	④
TOTAL（n=1000）	21.8	27.5	47.4	3.3
男性（n=502）	25.7	25.9	45.8	2.6
女性（n=498）	17.9	29.1	49.0	4.0

P = 0.019*

　自助型の①の割合は，男性（25.7%）が女性（17.9%）を上回る。民間主導の共助型の②の割合は，女性（29.1%）が男性（25.9%）を上回り，政府による公助型の③の割合も，女性（49.0%）が男性（45.8%）を上回る。

ハ 世帯収入区分別分析

有意差なし（P = 0.092）。

第3章 人々の望む将来社会のイメージと租税負担意識の調査結果

二 職業別分析

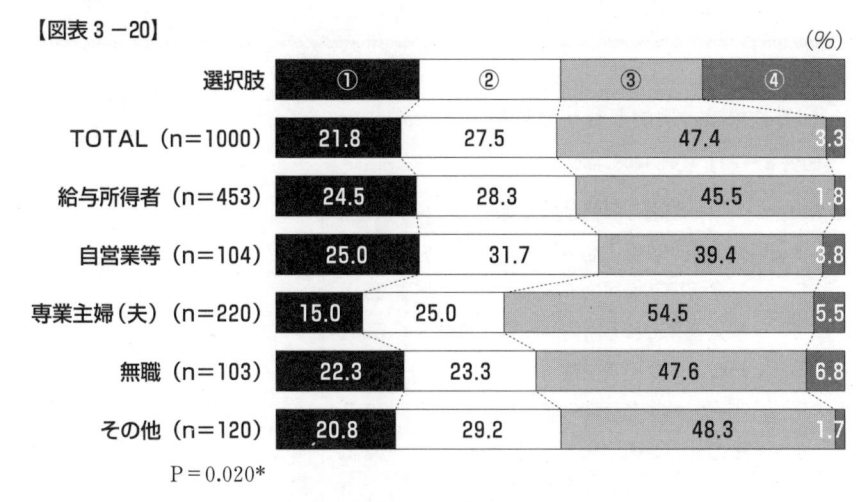

【図表3－20】
(%)

選択肢	①	②	③	④
TOTAL (n=1000)	21.8	27.5	47.4	3.3
給与所得者 (n=453)	24.5	28.3	45.5	1.8
自営業等 (n=104)	25.0	31.7	39.4	3.8
専業主婦（夫）(n=220)	15.0	25.0	54.5	5.5
無職 (n=103)	22.3	23.3	47.6	6.8
その他 (n=120)	20.8	29.2	48.3	1.7

P＝0.020*

（注）「職業別」の意味：第3章【図表3－7】の（注）参照。

　専業主婦（夫）は，自助型の①の割合が15.0％と他よりも低く，政府による公助型の③の割合が54.5％と他よりも高い。これは，上記ロの女性の回答結果と関連する。

第6節　政治・行政への信頼感と租税負担意識

1　増税の障害となる要因

　政府が中心的役割を担う高福祉・高負担の社会を望んでいる者は全体の3割程度であるが，必ずしも消費税や所得税の増税を受け入れるわけではない（第4章第6節参照）。また，政府にはあまり頼らない共助型社会を望んでいる人々は，増税に否定的態度をとる割合が比較的高い。そこで，増税の障害となる要因について調査するために，次の質問をした。

> **（問6）** 社会保障の財源不足を補うために，消費税の税率引上げ等による増税が検討されています。国民が増税を受け入れるにあたり，大きな障害になるものがあるとすれば，それは何だと思いますか。

第2編　実　証　編

（回答は三つまで）

回答結果は，次のとおりである。

【図表3－21】（多い順に掲載）

順位	増税の障害となる要因	％
1	政治に対する不信感	69.5
2	社会保障制度への不信感	55.7
3	景気低迷による所得や貯蓄の減少	51.9
4	行政に対する不信感	45.6
5	国民の納税者意識の低さ	18.3
6	その他の要因	2.5
7	障害になるものは特にないと思う	0.9

1番目と4番目の政治と行政に対する不信感については，後の3で取り上げる。ここで注目したいのは，5番目の「国民の納税者意識の低さ」を選択した者が全体の18.3％にすぎないという点である。第1章第7節では，日本人の納税者意識の希薄さを取り上げた。日本人は，租税の負担とその使途を別個に考える結果，租税はできるだけ少なく，政府の公共サービスはできるだけ多いほうがよいという無理な要求をしがちであるとの指摘[25]がある。自分自身をそのようなタイプだと認識している人々は，どの程度存在するのかを調べるために，次の質問をした。

（問7）「日本人は，税金の負担とその使い道を別個に考える結果，税金の負担はできるだけ少なく，政府の公共サービスはできるだけ多いほうがよいという無理な要求をしがちである」という見解があります。あなた自身は，そのような要求をしがちなほうですか。（回答は一つ）

[25] 石弘光『タックスよ，こんにちは！』34～36頁（日本評論社，2006）。

第3章　人々の望む将来社会のイメージと租税負担意識の調査結果

① そのような要求をしがちなほうだと思う。
② どちらかといえば，そのような要求をしがちなほうだと思う。
③ どちらかといえば，そのような要求をするほうではないと思う。
④ そのような要求するほうではないと思う。
⑤ その他（　　　　　）

イ　年齢階級別分析
【図表3－22】
(%)

選択肢	①	②	③	④	⑤
TOTAL (n=1000)	12.0	32.7	32.0	20.6	2.7
20代 (n=163)	21.5	36.2	20.9	17.2	4.3
30代 (n=211)	12.8	31.3	33.2	19.4	3.3
40代 (n=206)	13.1	34.0	30.1	20.9	1.9
50代 (n=192)	9.4	30.7	31.8	24.0	4.2
60代 (n=228)	5.7	32.0	40.8	21.1	0.4

P＝0.000***

　全体では，①と②の合計（以下「要求派」という）が44.7％であり，③と④の合計（以下「非要求派」という）が52.6％であり，要求派を非要求派が7.9％上回る。
　年齢階級別では，興味深い傾向が表れている。①と②の要求派の割合の合計と③と④の非要求派の割合の合計を年齢階級別に比較すると，20代では57.7％と38.1％で要求派が非要求派を大きく上回っているのに対し，30代では44.1％と52.6％，40代では47.1％と51.0％となっており，要求派を非要求派が上回っている。さらに，50代では40.1％と55.8％，60代では37.7％と61.9％となっており，要求派を非要求派が大きく上回っている。

ところで，団塊の世代を含む60代は，現在は非要求派が多いが，過去（現役時代）もそうだったのであろうか。今日の深刻な財政問題は，直接的にはこれまでの政治や行政によってもたらされたものであるが，政治は民意に反応して大きく動くところがある。すなわち，この問題は，60代をはじめとする年齢の高い世代がこれまでに関わった世論形成やその投票行動によってもたらされたものである。選挙の年齢階級別投票者数の構成比の推移によると，常に団塊の世代が政治の動向を決めてきたとの指摘もある[26]（第2章第3節【参考】日本型付加価値税の導入過程を参照）。60代は，かつては要求型の行動をとっていた人が多かったのではないかという推論も成り立ち得る。この点は，さらに調査を必要とするが，60代は自身の過去の行動や態度はともかくとして，社会保障の恩恵を受ける世代となったので，要求型の行動を慎む人の割合が多くなったという見方はできないだろうか。一方，社会保障の恩恵が少ないと見込まれる20代は，政府に対する要求が多くなるということではないだろうか。

---

26) 大竹・前掲注（19）153頁。

第3章　人々の望む将来社会のイメージと租税負担意識の調査結果

□　男女別・年齢階級別分析

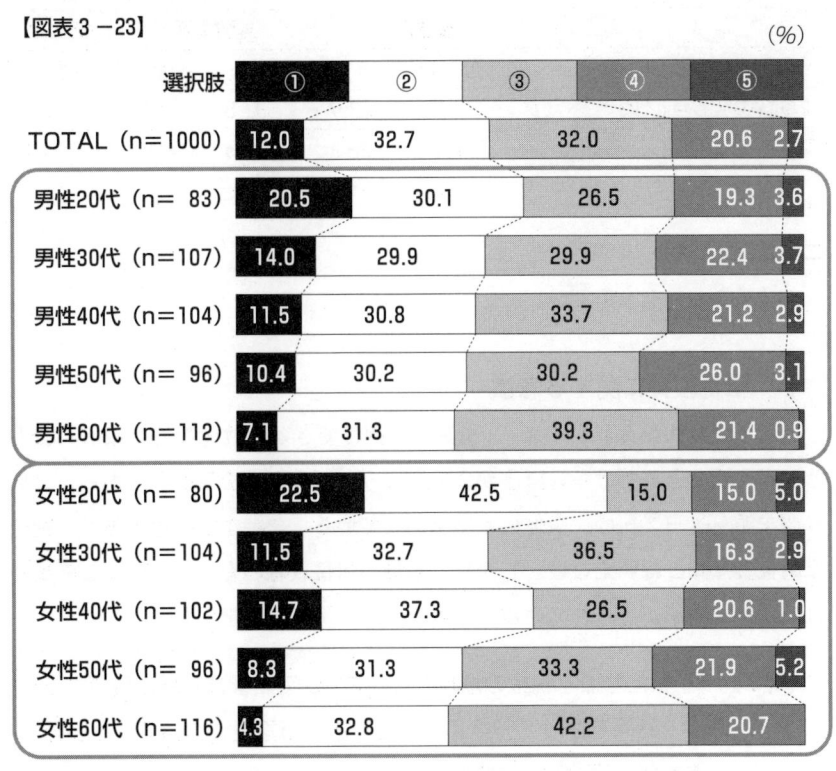

【図表3-23】
(%)

選択肢	①	②	③	④	⑤
TOTAL (n=1000)	12.0	32.7	32.0	20.6	2.7
男性20代 (n= 83)	20.5	30.1	26.5	19.3	3.6
男性30代 (n=107)	14.0	29.9	29.9	22.4	3.7
男性40代 (n=104)	11.5	30.8	33.7	21.2	2.9
男性50代 (n= 96)	10.4	30.2	30.2	26.0	3.1
男性60代 (n=112)	7.1	31.3	39.3	21.4	0.9
女性20代 (n= 80)	22.5	42.5	15.0	15.0	5.0
女性30代 (n=104)	11.5	32.7	36.5	16.3	2.9
女性40代 (n=102)	14.7	37.3	26.5	20.6	1.0
女性50代 (n= 96)	8.3	31.3	33.3	21.9	5.2
女性60代 (n=116)	4.3	32.8	42.2	20.7	

男性 P = 0.629　　女性 P = 0.000***

20代は要求派が多いと述べたが，それを特徴づけているのは女性である。20代女性の要求派の割合の合計（①＋②）は65.0%であり，20代男性の50.6%を上回る。

八　世帯収入区分別分析

有意差なし（P = 0.280）。

統計学上の有意差はなかったのであるが，世帯収入1,000万円以上に着目すると，要求派（①，②）は平均よりも低く，非要求派（③，④）は平均よりも高いという特徴がある。

第2編　実　証　編

【図表3−24】

(単位：%)

選択肢	要求派		非要求派		その他
	①	②	③	④	⑤
TOTAL（n＝1,000）	12.0	32.7	32.0	20.6	2.7
1,000万円以上（n＝84）	4.8	26.2	34.5	33.3	1.2

二　職業別分析

有意差なし（P＝0.823）。

2　租税教育に関する意識

上記1の分析結果において,「税金の負担はできるだけ少なく,政府の公共サービスはできるだけ多いほうがよいという無理な要求をしがちである」という要求派（①＋②）は,全体の4割を超えている。このような考え方は,健全な納税者意識とはいえない。しかし,子供の租税教育の在り方に関する質問では,意外な結果が得られている。本調査では,次の質問をした。

> **（問8）**「子供たちに,税金の意義や役割について,義務教育の段階から,もっと時間をかけて教えるべきだ」という意見について,どう思いますか。(回答は一つ)
> ①　そう思う。
> ②　そうは思わない。
> ③　現状のままでよい。
> ④　その他（　　　　　）

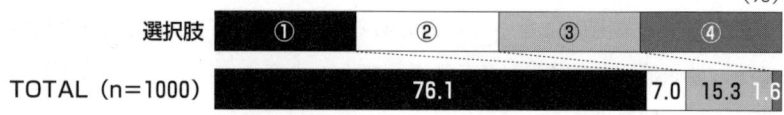

【図表3−25】

(%)

選択肢	①	②	③	④
TOTAL（n＝1000）		76.1	7.0	15.3　1.6

第3章　人々の望む将来社会のイメージと租税負担意識の調査結果

年齢階級別による有意差なし（P＝0.636）（選択肢②は③を含む表現となっているので，②と③を集約した場合，P＝0.497となる）。

全体では，76.1％もの人々が①の「そう思う」を選択し，義務教育段階における租税教育の充実を支持している。平成23年度税制改正大綱では，納税環境の整備の一環として，小中学校，高等学校，大学において，租税の役割などを教えるための租税教育の充実を打ち出している[27]。しかし，過去又は現在において要求型の行動をとってきた者が多いと推測される世代が，次代を担う若い世代に対し，租税の役割などに関して説得力のある説明をすることが，果たしてできるのであろうか。小・中学生を相手にして，問題を先送りしてきたオトナの責任を認めずに，タテマエ的な説明だけで済ませるようなごまかしはできないであろう。また，高校生や大学生は，論理的に物事を考え議論する機会を通じて，オトナの欺瞞と責任を追及することもあるかもしれない。租税教育の充実によって，学ぶことになるのは，むしろオトナの側なのかもしれない。

租税教育の充実を推進するとすれば，やはり「量出制入」を基本に据えるべきであると考える。社会科等の授業の中で，租税負担の在り方を別個の項目として取り上げるのではなく，社会システムの在り方について考えていく中で，租税の意義や役割を学ぶことが大切である。『あなた自身の社会　スウェーデンの中学教科書』[28]では，コミューンの住民が共同してそこで行われる事柄の大半を決定するという参加型民主主義が徹底され，社会の構成員が負担を分かち合って共同事業を行うことについて，様々な具体例や課題を示しながら子供たち自身に考えさせ，意見を持つように奨励している。また，社会には，子育て，病人，障がい者，失業者，老人などのために様々な支援が用意されていることを教えている。そして，国やコミューンが行っている様々なサービスの財源として税金の必要性を説いている。

それでは，日本の租税教育はどうであろうか。昭和43年7月に小学校の学習

---

27)　「平成23年度税制改正大綱」（平成22年12月16日）6頁。
28)　アーネ・リンドクウィスト，ヤン・ウェステル著／川上邦夫訳『あなた自身の社会　スウェーデンの中学教科書』108～138頁（新評論，1997）。

第2編　実　証　編

指導要領に「納税の義務」が記載され，また，昭和44年4月に中学校の学習指導要領に「納税の義務」や「租税の意義と役割」等が記載された。また，昭和53年8月に高校の学習指導要領解説で「納税の義務」等に触れるよう記載された。租税に関して教科書の記述や学校での教育内容の実情を把握していないので，これらについての具体的な論及はできない。

　ただし，一般論としては，子供たちが社会システムと税金の在り方について能動的に考え，自分の意見を持つような工夫が必要ではないかと考える。

　子育て，貧困，年金，老人医療などを巡る社会システムの在り方を議論し，それを構築し維持するための財源をいかに確保するのか，すなわち，その負担を国民がいかに分かち合うのかを考えるようにすればよいのではないだろうか。すでに見てきたように，子育て支援や社会保障に関しては，年齢階級，性別，職業，世帯収入によって意識の差が存在する。私たち自身の社会の在り方を巡る様々な問題について，自分だけの利益や既得権に固執するようなオトナにならないようにするために，意見の異なる人々と向き合って葛藤し，論理的に整理し共有点を探る力を身に着けていくような環境を整えていけばよいのではないか。そのような思考方法を身に付けていけば，人の足を引っ張り合うことの愚かさを知り，公益や国民全体のために協力することの大切さを思う心も育まれていくのではないだろうか。

　また，ボランティアへの意欲や関心が高い現在の60代の人々（問2の回答結果参照）を交えて子供たちが意見を交わす機会を設けるのもよいかもしれない。人々が社会に対して閉塞感を感じるのは，直接的ないし表面的には政府に対する不信によるものであろうが，それだけが原因ではない。国民の間に自分だけの考え方に凝り固まり，議論と相互理解のための思考プロセスが欠けていることが潜在的な要因となっているからではないだろうか。子供たちの租税教育を通じて，オトナの世代が子供たちとの議論に関わることによって，気づかされる点が多々あるかもしれない。

第3章 人々の望む将来社会のイメージと租税負担意識の調査結果

3 政治と行政に対する信頼感

上記1で述べたように，増税の障害となる要因として，政治不信や行政不信をあげる割合が高い。そこで，次の質問をした。

> **（問9）** 政治や行政への不信につながる大きな要因は何だと思いますか。
> 　　　（回答は三つまで）

回答結果は，次のとおりである。

【図表3-26】（多い順に掲載）

順位	政治や行政への不信要因	％
1	税金の無駄遣い（必要性の低い公共工事，官製談合，特殊法人への補助金など）	59.4
2	議員に支給される不相当な歳費（給与），手当	46.8
3	官僚が国益のために働かず，自分が属する省庁の利益を優先して利権の拡大を図っていること	31.5
4	議員の汚職，政治資金規正法違反などの不正行為	30.0
5	党利・党略や党内政局にとらわれすぎて，法律や予算などの重要事項に優先的に取り組んでいないこと	28.1
6	政権の短期交代	22.5
7	国会審議中の居眠り，テレビでの言動など，誠実さや懸命さに欠ける議員の態度・姿勢	19.7
8	官僚の天下り	16.9
9	政官業の不透明な癒着による利益誘導型の政治と行政	12.3
10	議員の世襲	10.7
11	その他（　　　　　）	3.0

上記の各要因は，報道等でしばしば取り上げられている問題点を列挙したものである。それらの要因は，必ずしも独立したものではなく，関連性ないし因果関係が存在するものがある。

1番目の「税金の無駄遣い」を選んだ者が59.4％と最も多かったが，これは結果でありその原因となり得るものは他の要因にある。

第2編　実　証　編

　たとえば，3番目の「官僚が国益のために働かず，自分が属する省庁の利益を優先して利権の拡大を図っていること」は，構造的な問題であり，税金の無駄遣いなどにもつながる。

　また，9番目の「政官業の不透明な癒着による利益誘導型の政治と行政」も，構造的な問題であり，税金の無駄遣いなどにもつながる。この要因は，政府や行政への信頼感の醸成を妨げる主要因にあげられることがあるが[29]，本調査では，人々がこれを政治や行政の不信の要因として選んだ者は12.3％にすぎない。この要因は，一般の人々には不透明で見えにくいものかもしれないし，また，利益誘導型の政治から恩恵を受けている人々も多いことが関係しているのかもしれない。

　上記のような不透明で構造的な問題は人々にとってわかりにくいが，それらが原因で引き起こされる「税金の無駄遣い」はわかりやすい現象（金銭の問題）であり，人々は直接的に不満を表しやすい。

　また，2番目の「議員に支給される不相当な歳費（給与），手当」を選んだ者は46.8％と，意外に多かった。これは，議員は報酬に見合った仕事をしていないと見ているからなのかもしれない。とすれば，これは4，5，6，7番目の諸要因にも関連していることになる。「その他」の意見の中には，議員の数が多すぎるというものもあった。人々はこのような背景にある構造的な諸要因よりは，不相当な議員歳費という見えやすい現象（金銭の問題）に対して，直接的に不満を表しやすい。

　1番目の税金の無駄遣いや2番目の不相当に高い歳費等の問題に多くの人々が不満を表しているからといって，行政の事業仕分けによる予算カットや議員

---

29)　宮本太郎『生活保障　排除しない社会へ』22〜25頁（岩波新書，2009）では次のように説明している。これまでの日本の生活保障は，個別の業界を所管官庁と族議員が保護し，業界と企業が男性稼ぎ主の雇用を守り，そして，男性稼ぎ主が家族を養うという「仕切られた生活保障」であった。この政官業のネットワークは，政治的な力関係と利益誘導の帰結として発展した。そこでは，行政裁量が大きく，利権がはびこり，人々は行政に依存することを余儀なくされたが，そこから行政や制度への信頼が育つはずはなかった，というものである。

第3章 人々の望む将来社会のイメージと租税負担意識の調査結果

の歳費カットをしても，その原因や背景にある諸要因にメスを入れていかない限り，最終的に国民の信頼を回復することは難しいのではないかと考える。

　増税を受け入れる前提条件として，税金の無駄遣いをなくすことをあげる人々が多いと推測される。しかし，現実的にあるいは論理的にそのようなことは可能であろうか。最初から無駄とわかっているような支出は論外であるが，予算の実行には何らかの効果を期待して行うものである。しかし，予算を実行した結果，予測しがたい事態の発生や見込の甘さなどにより，当初期待したとおりの効果がなかったと評価されるようなことはしばしば起こり得る。

　結果的に無駄だったと評価されるような支出は，営利を追求する民間企業の事業活動においてもしばしば生じる。ただし，民間企業の場合，予実管理（予算実績管理）によって，予算と実績を比較しながら達成率を検討して，目標が未達成の場合にはその理由を分析し，新たに目標を達成するための対策をとり，目標達成を管理していくことによって，その企業の利益獲得の観点から無駄な支出があっても，見直して修正する機能が備わっている。

　一方，政府による行政サービスには，国民の利益だけではなく，省益や業界団体の利益なども交錯し，また，既得権益に対する執着も強いものがあり，それが結果として無駄だったのかどうかの評価は一筋縄にはいかない。行政活動を遂行する上で無駄の発生は避けられない。結果的に無駄と評価されるようなものを完全になくする唯一の方法は，予算の実行を最初から一切止めることしかないことになる。そのような事態を望まないとすれば，結局，最善の方法はできるだけベターな状況を持続的に維持していくことしかない。税金の使い方におけるプロセスの透明化と国民監視の強化によって，政府と国民の双方が努力し，よりよい状況を維持していくしかないのである。税金の無駄遣いをなくすことが増税を受け入れる前提条件だという意見には，「逃げ」の意識があるように思われる。

　また，「その他」の意見の中には，マス・メディアの偏向報道があった。これは，回答の選択肢の一つとして明示すべきものであった。人々のマス・メディアの報道内容に対する信頼感というものを定量的に把握する必要があった

81

と考える。偏向報道を問題視する人が多ければ，それを正すべきであろうし，逆に，問題視する人が少なければ，それはそれで問題である。政治家や官僚の中には，国民のために身を粉にして働いている（あるいは働きたいと考えている）人々も少なくないと考えられるが，そのような地味な行動はあまり報道されない。真摯に働くような人は，その行動が公になることを嫌う傾向にあるのかもしれないし，また，組織内では正当に評価されていないのかもしれないが，国民のために報酬以上の価値のある仕事をしている政治家や官僚もいることを報道する姿勢は必要である。マス・メディアは誤った報道さえしなければよいというわけではないであろう。偏向報道は，人々の意識を偏らせる。また，その偏った人々の意識に合わせた報道ばかりをしていると，不信の連鎖が続くことになる。

　次に，政治や行政に対する人々の不信感に関連して，公務員の定員削減について，次の質問をした。

> **(問10)**　政府は，行政のスリム化を推進するため，公務員の定員を2010年度以降の5年間で10%以上削減する計画を進めています。しかし，日本は，他の先進諸国と比べて，人口千人当たりの公務員数は少ない状況にあります（下記グラフ参照）。このことについてどう思いますか。（回答は一つ）
> ①　全般的に公務員の定員を一律的に削減することには，賛成である。
> ②　公務員の定員をこれ以上削減するのではなく，行政サービスの内容によっては，公務員を増やすべき官庁もあると思う。
> ③　他の先進諸国並みに，公務員の定員を全般的に増やすべきだと思う。
> ④　その他（　　　　　）

第3章　人々の望む将来社会のイメージと租税負担意識の調査結果

人口千人当たりの公的部門における職員数の国際比較（未定稿）

（単位：人）

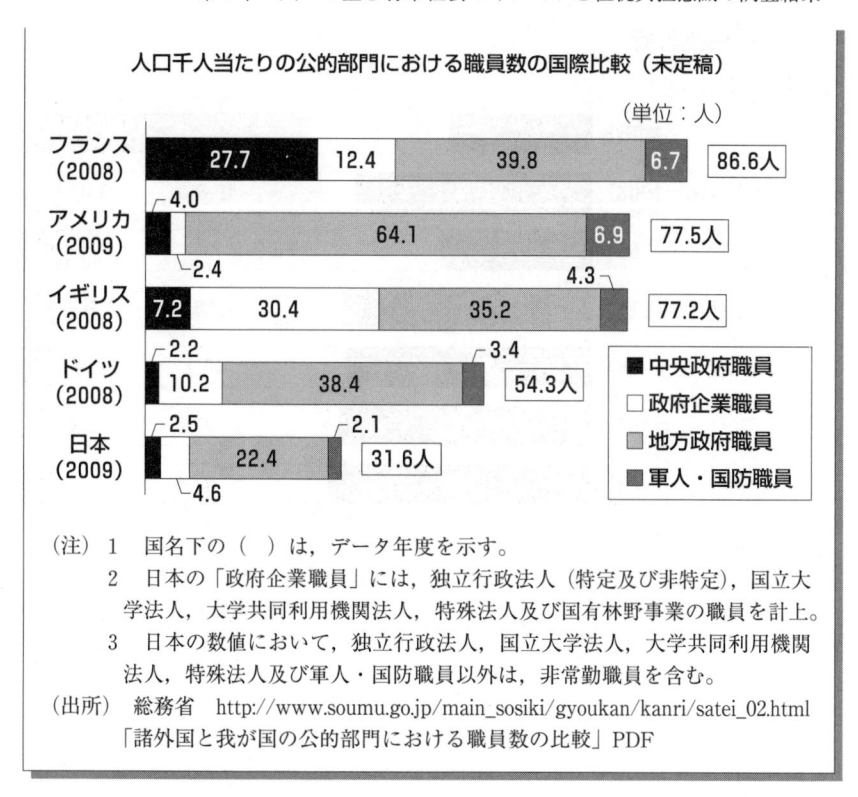

国名	中央政府職員	政府企業職員	地方政府職員	軍人・国防職員	合計
フランス（2008）	27.7	12.4	39.8	6.7	86.6人
アメリカ（2009）	4.0	2.4	64.1	6.9	77.5人
イギリス（2008）	7.2	30.4	35.2	4.3	77.2人
ドイツ（2008）	2.2	10.2	38.4	3.4	54.3人
日本（2009）	2.5	4.6	22.4	2.1	31.6人

（注）1　国名下の（　）は，データ年度を示す。
　　　2　日本の「政府企業職員」には，独立行政法人（特定及び非特定），国立大学法人，大学共同利用機関法人，特殊法人及び国有林野事業の職員を計上。
　　　3　日本の数値において，独立行政法人，国立大学法人，大学共同利用機関法人，特殊法人及び軍人・国防職員以外は，非常勤職員を含む。
（出所）総務省　http://www.soumu.go.jp/main_sosiki/gyoukan/kanri/satei_02.html
　　　　「諸外国と我が国の公的部門における職員数の比較」PDF

　質問文の中にある政府の定員削減計画は，地方分権推進と国家公務員総人件費の削減を目的として打ち出されたものであり，その削減計画の対象は国家公務員である。ただし，行政サービスを受ける側の国民にとっては，国と地方の機関や業務は錯綜していてわかりにくいところがあるので，質問文では国と地方の区別はしなかった。今日では，公務員の総人件費削減が中心的な政策課題となっているような感もあるが，この質問の趣旨は，諸外国のデータと比較した上で，公務員の定員削減についてどのように思っているのかを調査することである。

第2編 実 証 編

イ 年齢階級別分析

【図表3−27】

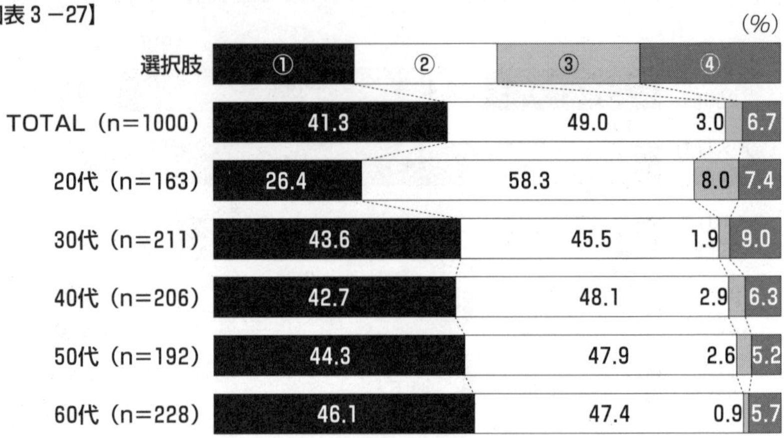

(%)

選択肢	①	②	③	④
TOTAL (n=1000)	41.3	49.0	3.0	6.7
20代 (n=163)	26.4	58.3	8.0	7.4
30代 (n=211)	43.6	45.5	1.9	9.0
40代 (n=206)	42.7	48.1	2.9	6.3
50代 (n=192)	44.3	47.9	2.6	5.2
60代 (n=228)	46.1	47.4	0.9	5.7

$P = 0.000^{***}$

第3章　人々の望む将来社会のイメージと租税負担意識の調査結果

□　男女別・年齢階級別分析

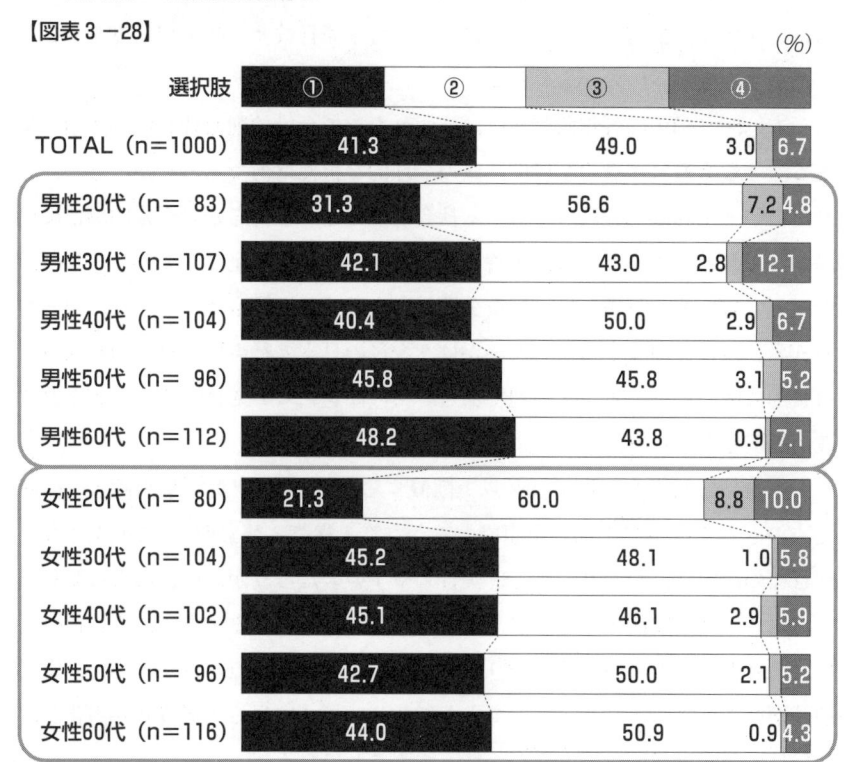

【図表3－28】

(%)

選択肢	①	②	③	④
TOTAL (n=1000)	41.3	49.0	3.0	6.7
男性20代 (n= 83)	31.3	56.6	7.2	4.8
男性30代 (n=107)	42.1	43.0	2.8	12.1
男性40代 (n=104)	40.4	50.0	2.9	6.7
男性50代 (n= 96)	45.8	45.8	3.1	5.2
男性60代 (n=112)	48.2	43.8	0.9	7.1
女性20代 (n= 80)	21.3	60.0	8.8	10.0
女性30代 (n=104)	45.2	48.1	1.0	5.8
女性40代 (n=102)	45.1	46.1	2.9	5.9
女性50代 (n= 96)	42.7	50.0	2.1	5.2
女性60代 (n=116)	44.0	50.9	0.9	4.3

男性 $P=0.152$　　女性 $P=0.008**$

　全体では，①の全般的削減賛成派が41.3％，削減反対・内容により増員の②が49.0％，全般的増員の③が3％となっている。

　年齢階級別に見た場合（【図表3－27】），注目すべきは20代であり，①は26.4％にとどまり，②が58.3％，③が8.0％となっている。20代を男女別に見ると（【図表3－28】），②を選んだ男性は56.6％，女性は60.0％となっており，また，③を選んだ男性は7.2％，女性は8.8％となっている。20代の男女はともに，公務員の定員削減に反対の態度を示す者が多い。

　その理由として考えられることは，20代はバイアスのかからない視点で，公務員の役割を認識している者が多いのかもしれない。また，安定した就職先確

保のため，公務員の新規採用枠の拡大を希望する者がいるのかもしれない。さらに，20代は，公務員の定員削減によって将来の行政サービスが低下することを懸念する者が多いのかもしれない。

一方，30～60代の各年齢階級は，いずれも①の全般的削減賛成派が4割を超える。そもそも公務員の全般的削減の論理的な根拠は何であろうか。もし，それがないとすれば，公務員に対する社会的偏見ないし何らかの否定的感情に由来するものということになる。将来，公共の担い手が不足し，公共サービスが低下しても，その不満のはけ口を公務員に向けることはもはやできなくなるだろう。公務員を削減するかしないかは，今後の日本の社会システムの在り方に直接的に関わってくる重大問題である。この問題については，第4章第9節で改めて取り上げたい。

公務員の定員を5年間で10%以上削減するという計画は，「量出制入」の考え方のもとでは出てこない発想であろう（第1章第3節参照）。このような定量目標の設定は，わかりやすく，実行しやすいのだろうが，国民にとって必要な行政サービスに関係するかどうかは考慮されにくくなる一方で，既得権の弱い，削りやすいものが対象となりやすくなるのではないだろうか。また，定員削減が行き過ぎると，長年培ってきた行政サービスに係る無形資産が劣化し，結局は，将来世代が受ける受益が低下することになる。

ハ　世帯収入区分別分析

有意差なし（P＝0.785）。

ニ　職業別分析

有意差なし（P＝0.520）。

また，本調査では，公務員に関して，次の質問をした。

（問11）　あなたが職員の働きぶりを評価している行政機関等をお答えく

第3章 人々の望む将来社会のイメージと租税負担意識の調査結果

ださい。(いくつでも回答可)

　回答結果は，次のとおりであった。この数値は，それぞれの行政機関等の認知度によっても大きく左右される。人々にとって身近な行政機関やマス・メディアへの登場頻度の高い行政機関(治安，防衛，警察，消防)の職員については，その働きぶりを評価する者の割合が高くなるようである。国税関係(国税局・税務署等)の職員に対する評価は，10.1％と高いほうではない。また，特に気になるのは，人々にとって身近な存在である地方の教育部門に従事する者の評価は7.3％しかないことである。小中学生等を相手にたいへん手のかかる仕事をしているにもかかわらず，保護者の視線は厳しいといえる。

【図表3－29】

行政機関等	(％)
(国の行政機関)	
治安関係(刑務所，検察庁，管区海上保安本部，地方入管，税関，検疫等)	33.3
国税関係(国税局・税務署等)	10.1
河川・道路・港湾等関係(地方整備局，北海道開発局)	5.7
防衛関係	27.7
労働関係(労働基準監督署・職業安定所)	8.2
(非公務員型の公法人)	
日本年金機構(社会保険庁を廃止して設立)	4.0
(地方の行政機関)	
税務関係	5.2
農林水産，商工，土木関係	4.5
福祉関係	11.3
教育部門	7.3
警察部門	27.7
消防部門	43.1
その他(　　　)	1.0
特になし	33.2

第 2 編　実　証　編

4　国民同士の信頼感と国税職員に対する信頼感

　わが国が抱える様々な問題を解決するためには，世代間及び世代内の両面にわたり，お互いに「支え合い」，ともによりよい社会を作っていくという共通認識を持って，そのために必要な費用を社会全体で分かち合うことが必要である[30]。この道理に適うためには，上記3で取り上げたように，政治や行政が国民に信頼されなければならない。さらに，国民同士の間に社会共通の費用を分かち合っているという信頼感がなければならないが，この信頼感はどのようにして醸成されるのかを考えてみたい。

　社会生活を営む上では自助が基本であるが，自分一人だけではどうにもならないときには，やはり共助や公助による支援が必要となる。しかし，中には自助を怠り不正に社会保障給付を受ける者や，不正に公的負担を逃れたりする者が存在する。これを放置しておくと，国民同士の間で不信感が生じる。そこで，真面目に義務を履行する人々が報われるような制度が必要となる。ここでは，税制の執行に従事している国税職員に対する人々の意識に焦点を当ててみたい。

　国税庁の定員は5万6千人であり，国の行政機関の全定員（平成22年度末定員30.2万人）の19%を占め，最大の組織となっている。国税庁の任務は内国税の適正かつ公平な賦課及び徴収の実現を図ることであり，この任務を果たすために，広報活動や租税教育など納税者が納税義務を理解し実行することを支援する活動（納税者サービス）や，善良な納税者が課税の不公平感を持つことがないよう，納税義務が適正に果たされていないと認められる納税者に対し，的確な指導や調査を実施することによって誤りを確実に是正する活動（適正・公平な税務行政の推進）を行っている[31]。国税庁（本庁）の下には，全国に12の国税局（沖縄国税事務所を含む），524の税務署が設置されており，税務署は国税の賦課徴収を行う第一線の執行機関として納税者と密接なつながりを持っている。

---

30)　「平成22年度税制改正大綱～納税者主権の確立へ向けて～」（平成21年12月22日）6頁。
31)　国税庁レポート2011年度版。

第3章 人々の望む将来社会のイメージと租税負担意識の調査結果

税務署や国税局の職員に対する信頼感を調査するために，次の質問をした。

> **(問12)** あなたは，税務署や国税局の職員を信頼していますか。（回答は一つ）
> ① とても信頼できる。
> ② 他の公務員と比べて，信頼できるほうだと思う。
> ③ 公務員としては，普通・当然の仕事をしていると思う。
> ④ 他の公務員と比べて，信頼できないほうだと思う。
> ⑤ ほとんど信頼できない。
> ⑥ その他（　　　　　）

イ　年齢階級別分析

【図表3－30】

(%)

選択肢	①	②	③	④	⑤	⑥
TOTAL (n=1000)	0.8	11.5	61.8	6.4	16.8	2.7
20代 (n=163)	1.2	9.2	52.8	6.7	25.8	4.3
30代 (n=211)	0.5	7.6	58.8	9.0	22.3	1.9
40代 (n=206)	1.0	9.7	66.5	5.8	13.6	3.4
50代 (n=192)	0.5	18.2	57.8	6.3	14.6	2.6
60代 (n=228)	0.9	12.7	70.2	4.4	10.1	1.8

P＝0.000***

「③公務員としては，普通・当然の仕事をしている」という評価を信頼感の基準とすると，それ以上の評価をした者の割合は，全体で74.1％（＝①＋②＋③）となる。この割合は，20代63.2％，30代66.9％，40代77.2％，50代76.5％，60代83.8％となっており，年齢階級が上がるにつれて国税職員への信頼感が高まっている。年配者は，たとえば，個人事業者として，会社の幹部として，医

療費控除の還付申告を受ける給与所得者として，国税職員と接触した経験を踏まえて，評価するケースが多いのではないかと推測される。

一方，20代と30代は，国税職員との接触の機会が年配者と比べて少ないにもかかわらず，⑤の「ほとんど信頼できない」を選んだ者が，それぞれ25.8％，22.3％と高い。明確な理由もなく何となくイメージだけで回答したのかもしれないが，何がそのイメージを形成したのであろうか。筆者は，大学で多人数の20代学生を相手に租税の授業を担当し，また，レポートの提出などを通じて学生の租税に関する意識を把握してきたつもりであったが，この結果は意外であった。この層を職業別（給与所得者，自営業等，専業主婦（夫），学生，無職）に分析してみたが，特に目立ったものはない。国税職員との接触経験が少ない一方で，ネット情報に左右される傾向が強いのかもしれない。20代，30代にとって，何が，国税職員のマイナスイメージにつながっているのかさらに調査・分析をしてみる必要があろう。

ロ　男女別・年齢階級別分析

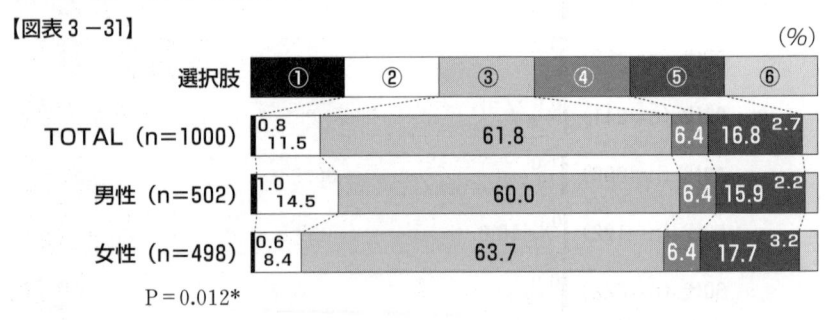

【図表3－31】

(%)

選択肢	①	②	③	④	⑤	⑥
TOTAL (n=1000)	0.8	11.5	61.8	6.4	16.8	2.7
男性 (n=502)	1.0	14.5	60.0	6.4	15.9	2.2
女性 (n=498)	0.6	8.4	63.7	6.4	17.7	3.2

P＝0.012＊

信頼度の高い①と②の合計は，男性（15.5％）が，女性（9.0％）を上回る。

ハ　世帯収入区分別分析

有意差なし（P＝0.350）。

第3章 人々の望む将来社会のイメージと租税負担意識の調査結果

二 職業別分析

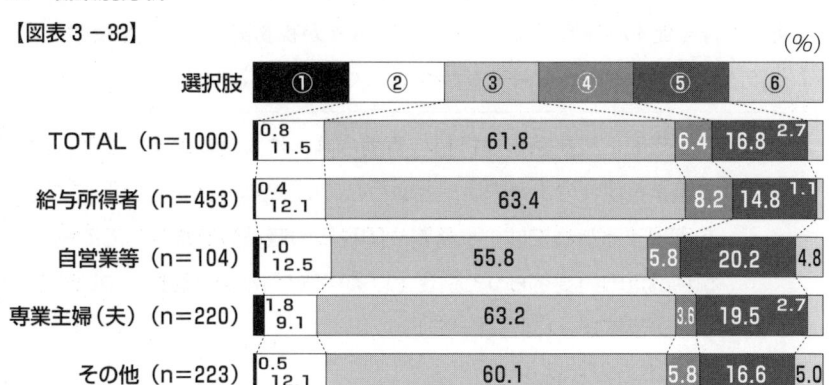

【図表3-32】
(%)

選択肢	①	②	③	④	⑤	⑥
TOTAL (n=1000)	0.8	11.5	61.8	6.4	16.8	2.7
給与所得者 (n=453)	0.4	12.1	63.4	8.2	14.8	1.1
自営業等 (n=104)	1.0	12.5	55.8	5.8	20.2	4.8
専業主婦(夫) (n=220)	1.8	9.1	63.2	3.6	19.5	2.7
その他 (n=223)	0.5	12.1	60.1	5.8	16.6	5.0

P=0.0471*

（注）「職業別」の意味：第3章【図表3-7】の（注）参照。

　自営業者等は，「公務員としては，普通・当然の仕事をしている」という③の割合が55.8％と他よりも低く，⑤の「ほとんど信頼できない」の割合が20.2％と他よりもやや高い。

5 税務調査の頻度に関する意識

　税務行政への信頼感は，法律の手続に則って不正や義務違反を正すことによって保たれる。それは，マンパワーの上に成り立っている。公務員定数の削減計画が推進されている中，国税庁の定員は維持されているが，事務量は増加している。国税職員は，専門知識を駆使し，機密保持にも細心の注意を払いながら，賦課や徴収の仕事に携わり，日常的に重い負荷がかかっている。そして，今後は納税環境を整備するための施策として，税務調査手続の明確化・法制化（事前通知，調査後の説明，処分の理由附記）や社会保障・税に関わる番号制度の導入に向けて，新たな事務が加わることになる。

　租税法学者の品川芳宣氏は，税務調査手続の法制化等により職員の事務量が増加することによって，税務調査の頻度が低下し，全体の申告水準に悪影響を及ぼすことを懸念されている[32]。税務調査を受ける納税者は，全体の中のごく

第2編　実　証　編

一部にすぎない。しかし，税務調査という制度の存在そのものは，納税者全体に適正申告を促す心理的要因となり得る。人々が税務調査の意義や役割をどのように認識しているのかを調べるために，次の質問をした。

> **(問13)**　1年間に税務調査が行われる割合は，法人全体の4〜5％，個人事業者全体の1％未満だといわれています。「適正・公平な課税を実現するためには，税務署や国税局の職員数を増やしてでも，税務調査の頻度をもっと引き上げるべきだ」という意見についてどう思いますか。（回答は一つ）
> ①　そのとおりだと思う。
> ②　現状のままでよいと思う。
> ③　そうは思わない。
> ④　その他（　　　　　）

イ　年齢階級別分析

【図表3－33】

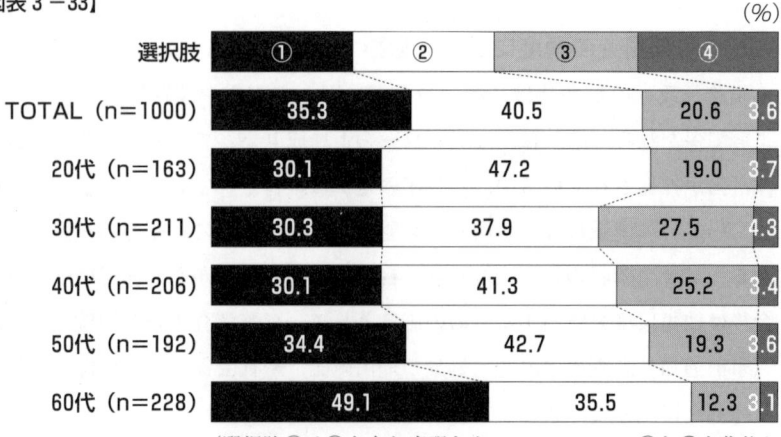

(%)

選択肢	①	②	③	④
TOTAL (n=1000)	35.3	40.5	20.6	3.6
20代 (n=163)	30.1	47.2	19.0	3.7
30代 (n=211)	30.3	37.9	27.5	4.3
40代 (n=206)	30.1	41.3	25.2	3.4
50代 (n=192)	34.4	42.7	19.3	3.6
60代 (n=228)	49.1	35.5	12.3	3.1

P＝0.000***（選択肢③は②を含む表現となっているので，②と③を集約した場合，P＝0.001**となる）

32）　品川芳宣「納税環境整備（税務調査手続・理由附記の法制化）の問題点─申告水

第 3 章　人々の望む将来社会のイメージと租税負担意識の調査結果

全体では，①の調査頻度を高めることを支持しているのは，35.3%である。現状維持の②の割合が40.5%と最も高い。年齢階級別に見ると，60代では①の割合が49.1%と他の年齢階級に比べて高い。

□　男女別分析

【図表 3 −34】

(%)

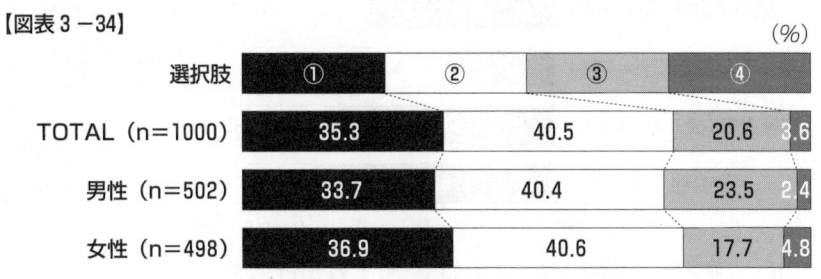

選択肢	①	②	③	④
TOTAL (n=1000)	35.3	40.5	20.6	3.6
男性 (n=502)	33.7	40.4	23.5	2.4
女性 (n=498)	36.9	40.6	17.7	4.8

P = 0.031*（②と③を集約した場合，P = 0.049*となる）

調査頻度を高めるの①の割合は，女性（36.9%）が男性（33.7%）をやや上回る。一方，それに反対の③の割合は男性（23.5%）が女性（17.7%）を上回る。

ハ　世帯収入区分別分析

有意差なし（P = 0.976）。

二 職業別分析

【図表 3－35】

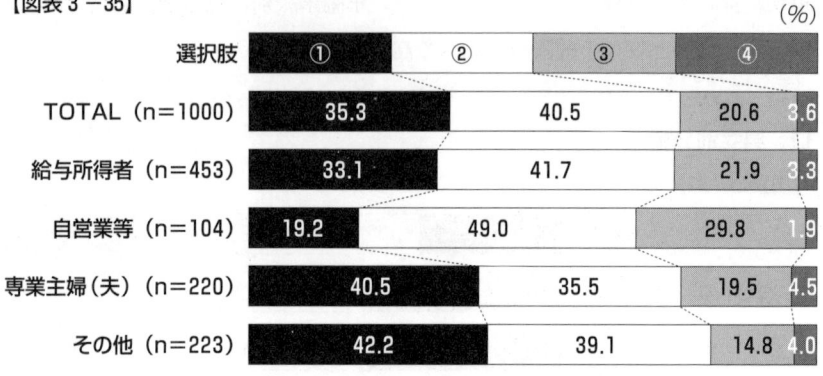

(%)

選択肢	①	②	③	④
TOTAL（n=1000）	35.3	40.5	20.6	3.6
給与所得者（n=453）	33.1	41.7	21.9	3.3
自営業等（n=104）	19.2	49.0	29.8	1.9
専業主婦（夫）（n=220）	40.5	35.5	19.5	4.5
その他（n=223）	42.2	39.1	14.8	4.0

$P=0.001**$（②と③を集約した場合，$P=0.000***$ となる）

（注）「職業別」の意味：第3章【図表 3－7】の（注）参照。

自営業者等は，調査頻度を高めるの①の割合が19.2％と他よりも低い。一方，②の現状維持が49.0％，調査頻度を高めることに反対の③の割合が29.8％と他よりも高い。

専業主婦とその他（年金生活者，学生，無職を含む）は，①の割合が40％超と高くなっている。

6 社会保障・税に関わる番号制度に対する信頼感

社会保障制度と税制を柱とする信頼社会を築いていくためには，すべての国民が社会共通の費用を分かち合っているという信頼感が国民の間に定着していかなければならない。そのための有効な手段の一つとなり得るのが，社会保障・税に関わる番号制度（以下「番号制度」という）である。

番号制度は，金融所得一体課税や給付付き税額控除の導入をする場合に前提となる重要な制度である。給付付き税額控除の制度は，課税最低限以下の低所得者に対して，税額控除できない分を給付するという仕組みであり，若年層を中心とした低所得者支援，子育て支援，就労支援，消費税の逆進性対応のための手続ないし手段として機能する。

第3章　人々の望む将来社会のイメージと租税負担意識の調査結果

　しかし，現在，わが国では番号制度が存在しないことから，税務署において課税最低限以下の低所得者の情報を把握することが困難である。諸外国では，すでに社会保障制度と共用するなどにより番号制度を導入している。スウェーデンでは，行政や生活のあらゆる場面で10桁のＩＤ番号が使われているが，この制度の前提として政府への信頼の高さが指摘されている[33]。一方，日本では，過去に番号制度の導入に向けた動きもあったが，個人のプライバシー保護の問題などから導入には至っていない。日本では，政治・行政過程における不透明さと不信感がしばしば指摘されるが，国民と政府の信頼関係の構築には，双方が役割を果たしていくことが求められる。

　番号制度は，国民の側に透明性を求めることによって，不正還付や不正給付を防止し，また，納税義務を誠実に履行している人々が損をしないようにする仕組みである。国民はこの制度の導入とその運営に協力したほうが，社会全体として得られる利益は大きいと考えられるが，プライバシー保護の観点から反対意見があり得る。この制度の導入の是非について人々の意識を調査するために，次の質問をした。

（問14）　政府は，社会保障と税に共通の番号を国民一人一人に割り振る制度の検討を進めています。この制度の目的は，社会保障制度と税制を一体化することにより，各人の所得に関する情報をできるだけ正確に把握して，適正な課税や給付につなげるとともに，事務の効率化や国民負担の公平性の向上を図ることとされています。この制度の導入について，どう思いますか。（回答は一つ）
① 　導入に賛成である。
② 　どちらかといえば，導入に賛成である。
③ 　どちらかといえば，導入に反対である。
④ 　導入に反対である。

---

[33]　星野泉「［スウェーデン］高い税金になぜＹＥＳといえたのか？」2009.9.12週刊・東洋経済66頁。

⑤　その他（　　　　　）

イ　年齢階級別分析
【図表3-36】

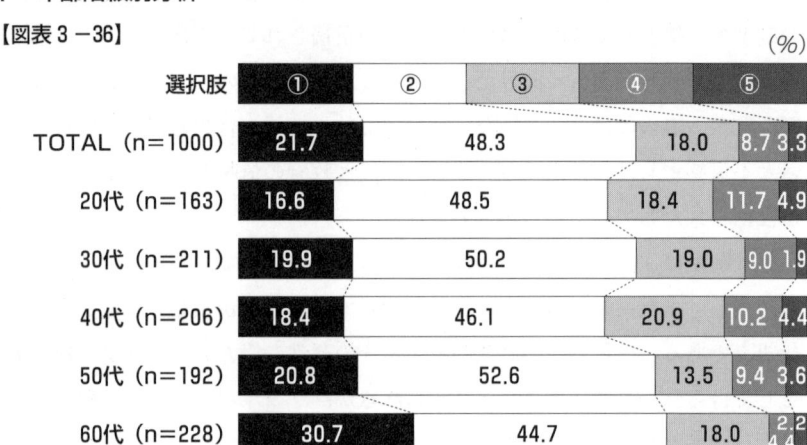

(%)

選択肢	①	②	③	④	⑤
TOTAL (n=1000)	21.7	48.3	18.0	8.7	3.3
20代 (n=163)	16.6	48.5	18.4	11.7	4.9
30代 (n=211)	19.9	50.2	19.0	9.0	1.9
40代 (n=206)	18.4	46.1	20.9	10.2	4.4
50代 (n=192)	20.8	52.6	13.5	9.4	3.6
60代 (n=228)	30.7	44.7	18.0	2.2	4.4

$P = 0.029*$

　全体では，賛成派が70%（①＋②）を占め，反対派は26.7%（③＋④）となっている。60代は明確な賛成の①が30.7%と他の年齢階級よりも多く，これに②を含めた賛成派は75.4%となっている。

ロ　男女別分析
【図表3-37】

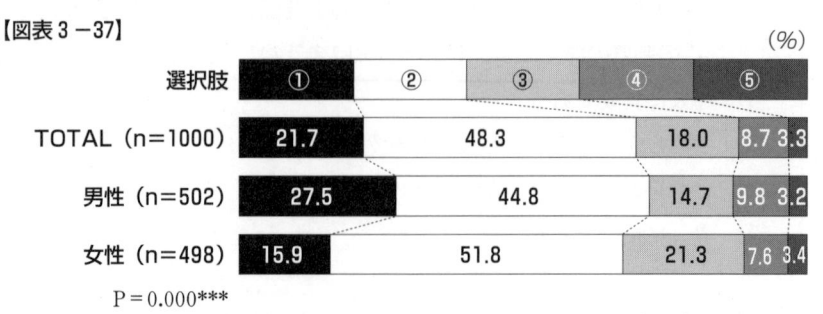

(%)

選択肢	①	②	③	④	⑤
TOTAL (n=1000)	21.7	48.3	18.0	8.7	3.3
男性 (n=502)	27.5	44.8	14.7	9.8	3.2
女性 (n=498)	15.9	51.8	21.3	7.6	3.4

$P = 0.000***$

第3章 人々の望む将来社会のイメージと租税負担意識の調査結果

明確に賛成の①は，男性（27.5%）が女性（15.9%）を上回る。女性の場合，②又は③のように「どちらかといえば…」の選択肢を選ぶ傾向にある。①と②，③と④を集約した場合，有意差はない（P＝0.271）。

八 世帯収入区分別分析

有意差なし（P＝0.436）。

二 職業別分析

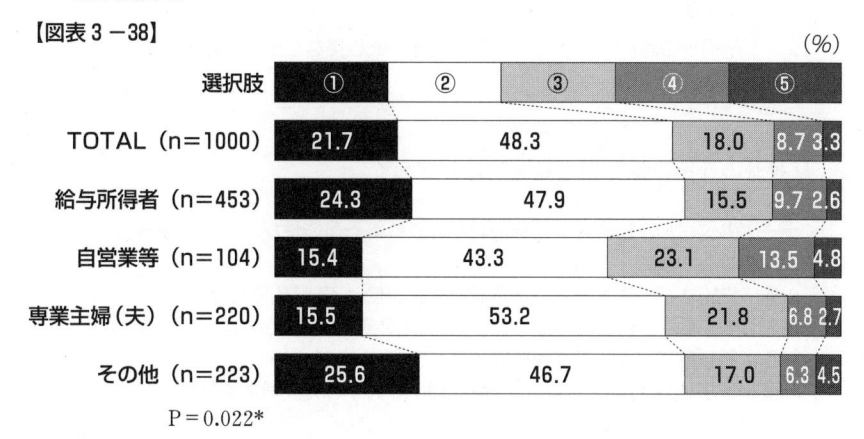

【図表3－38】

(%)

選択肢	①	②	③	④	⑤
TOTAL（n＝1000）	21.7	48.3	18.0	8.7	3.3
給与所得者（n＝453）	24.3	47.9	15.5	9.7	2.6
自営業等（n＝104）	15.4	43.3	23.1	13.5	4.8
専業主婦(夫)（n＝220）	15.5	53.2	21.8	6.8	2.7
その他（n＝223）	25.6	46.7	17.0	6.3	4.5

P＝0.022*

（注）「職業別」の意味：第3章【図表3－7】の（注）参照。

賛成派（①＋②）と反対派（③＋④）を比較した場合，給与所得者は賛成派72.2%，反対派25.2%，自営業者は賛成派58.7%，反対派36.6%，専業主婦は賛成派68.7%，反対派28.6%となっている。自営業者に反対派が多い。

次に，反対派（n＝267）を対象に，次の質問を行った。

> **（問15）** 社会保障と税の共通番号制度の導入に反対する主な理由は何ですか。（いくつでも回答可）

回答結果は，次のとおりである。

【図表3-39】（多い順に掲載）　n＝267

順位	反対理由	％
1	税金の無駄遣いのチェックなど国民の国に対する監視の仕組みが十分ではないのに，国民に対してだけ監視が強化されるのは納得できないから。	65.2
2	プライバシー保護の観点から問題がありそうだから。	60.7
3	多額の導入コストがかかりそうだから。	41.6
4	サラリーマンの給与所得や金融所得の把握や管理が強化され，自営業者などの事業所得については従来とあまり変わらないのは，不公平だから。	29.6
5	所得税の課税や社会保障給付の管理が厳しくなりそうだから。	15.4
6	その他（　　　　　　）	4.1

反対派の「その他」の意見を追加しておく。

- データの改ざん・紛失等多大な問題が起こり得る可能性が高すぎるから。
- 悪用されるから。
- 以前に支給された番号も名前を忘れるくらい使っていないから無駄。
- 管理しやすくなったところで，（政府の）人件費削減にはつながらない。
- いろいろな番号が増えて複雑になってしまう。
- 制度を生かせる状況ではない，無駄な機関や天下り先が増えるだけ。

　番号制度導入に反対する理由として，一般的によくあげられるのは，2番目のプライバシー保護の問題と，3番目の導入コストの問題であろう。本調査では，さらに「税金の無駄遣いのチェックなど国民の国に対する監視の仕組みが十分ではないのに，国民に対してだけ監視が強化されるのは納得できないから。」という選択肢を設けたところ，これを選んだ者が65.2％と最も多かった。導入反対者にとっては，感情的に受け入れやすい選択肢だったのかもしれない。

　税金の使途に対する監視体制の不十分さは，番号制度導入とは直接関係はないのであるが，番号制度の設計に関する今後の議論に影響を与えていくかもしれない。財政支出に関する政治・行政過程の透明性が必ずしも確保されていない一方で，多目的利用の番号制度を導入して国民の側に透明性を求めようとす

れば，特に1番目の問題を指摘されかねない。それを避けるために，利用範囲を制限した番号制度の導入を図ろうとすれば，今度は別の問題が生じる。

主要国のほとんどは既に番号制度を導入し，税務，社会保険，年金，住民登録，選挙，兵役，諸統計，教育等といった幅広い目的で活用している[34]。一方，わが国において，今後の制度設計にあたり，利用範囲を制限しすぎると，導入コストに見合う効果が期待できないとして，税金の有効活用の観点から問題視される可能性もある。

また，プライバシー保護には細心の注意を払う必要があるが，国民の利便性や行政の効率性の追求に制限をかけすぎると，番号制度自体の信頼性を損なうことにもなりかねない。第2章第4節（社会的ジレンマの解決法）で説明したように，信頼関係を前提とする協力社会を築いていくためには，真面目に義務を履行する人々が正当に評価され，報われるような社会制度が必要となる。納税をはじめ法的義務を誠実に履行している人々が報われるように，また，国民の利便性や行政の効率性が確保されるように，本来の機能が十分に備わった制度が必要である。

そのような制度が導入されれば，その信頼性の維持は，国税当局による厳正な秘密保持のもとでの適正執行にかかっている。その適正執行によって，国税当局は国民同士の「信頼」をつなぐ架け橋となる。ただし，その架け橋は必要なインフラではあるが，それだけでは十分ではない。肝心なことは，すべての国民が社会共通の費用を分かち合っているという信頼感がそこを介して行き交うことである。それらの負担を分かち合うことをはばむ心的要因については，第4章第5節（社会的亀裂を生む人々の意識）において取り上げることにする。

---

[34] 諏訪園健司編著（2011）『図説日本の税制　平成23年度版』財経詳報社。
イギリス，アメリカ，カナダ，スウェーデン，デンマーク，韓国，フィンランド，ノルウェー，シンガポール，オランダ，イタリア，オーストラリア，ドイツでは，番号制度が既に導入されている。税務，社会保険，年金等複数の業務に適用している国がほとんどである。日本とフランスは，番号制度を導入していない。

第4章 消費税，所得税，法人税に関する意識の調査結果
chapter 4

第1節　問題の所在と分析方法

　第3章では，租税負担に関する意識は，人々の望む将来社会のイメージや政治や行政に対する信頼感とも密接に関連していると考えられることから，それらの分析結果を取り上げた。それらを踏まえ，本章では，消費税や所得税などの個別の租税に関する負担意識の調査結果を基に考察する。

　マス・メディアを通じて，消費税の税率引上げに関する国会等での議論がしばしば報じられているが，こうした状況の中で人々の目には負担の議論ばかりが先行しているように映り，目指すべき社会のビジョンが具体的に見えていないのではないだろうか。政府は，社会保障制度の在り方を中心として，どのような社会を築いていくのかをわかりやすく示さないと，負担増の受入れに消極的になる人々も多いのではないだろうか。

　理屈の上では，社会の在り方について目指すべき方向性が決まれば，それを構築し維持するための財源をいかに確保するのか，すなわち，その負担を国民がいかに分かち合うのかが問題となる（「量出制入」の考え方）。しかし，現状では，政府の指し示す社会のビジョンが不明確なためか，又はそれがあってもわかりやすく国民に伝達されないためか，それとも，人々が政府にはあまり期待しないためか，いくつかの要因が重なって，人々が思い描く将来社会のイメージは分散し，租税負担に関する意識も方向性が定まらない状況となってい

第2編　実　証　編

る。

　第3章第3節で示したとおり，本調査の結果では，日本が将来目指すべき社会のイメージについての回答結果は以下のとおりとなった。

日本が将来目指すべき社会のイメージ	支持率
A　民間主導の共助型社会 　　個人の自由競争と自助を重視し，共益的又は公益的なサービスは，できるだけ地域のコミュニティー，NPO（民間の非営利組織）などの民間の自発的な非営利活動に委ね，政府はあまり関与しないような社会	15.0%
B　伝統的な企業中心の共助型社会 　　伝統的な日本型経営のよい点を復活させ，企業が安定雇用を確保することによって，従業員の生活を支えてくれるような社会	48.1%
C　政府が中心的役割を担う高福祉・高負担の社会 　　全国民を対象として福祉を充実させ，国民がそれに見合った税金や社会保険料を負担し，国や地方の政府が中心となってそれらの業務を遂行するような社会	33.2%

（注）　D「その他」は，3.7%。

　これら以外にも社会モデルは考えられるし，また，これら三つの社会モデルの価値観は共存するものであるが，本調査では上記の典型的な社会モデルの選択肢を提示して一つだけ回答していただいた。

　消費税や所得税の負担に関する意識を分析したところ，それぞれの社会モデルを支持する者に特徴的な傾向が表れ，統計学上の有意差が認められたものがあったものの，人々の租税負担に関する態度には整合性に欠けるところも見られる。回答者は，自分で選択した社会モデルと租税負担との関係とを明確にイメージしきれていないところがあると考えられる。たとえば，高福祉・高負担社会を支持する者であっても，消費税の税率を欧州諸国の付加価値税並みに20％程度まで引き上げることを容認するのは少数派である。また，所得税については中低所得者も含めて広く負担を分かち合うことを考えている者は少数派であり，累進課税を強化して高所得者層により多くの負担をしてもらいたいと考えている者が多数を占めている（本章第6節（問21）参照）。

　このような態度を含め，人々の様々な思いが交錯する中で，社会保障の財源

第4章 消費税，所得税，法人税に関する意識の調査結果

不足に充てるためという目標を掲げたとしても，政府が増税について国民に理解を求めていくことは一筋縄ではいかないように思われる。困難を伴うことであるが，どのような社会を築いていくのかを国民にわかりやすく示すのは，政府の役割である。その前提として，国民の意識を様々な方法で汲み取るとともに，国民がそのような意識を持つに至った諸要因について少しでも理解を深めていく必要がある。

本章では，消費税や所得税などの負担に関する意識が，イ．年齢階級，ロ．男女別，ハ．世帯収入区分，ニ．職業，ホ．希望する将来社会のイメージとの関連で，どのような違いが表れるのかについて分析する。各回答結果のクロス表を基に観察度数と期待度数の比較による独立性の検定を行い，統計学的に有意（$P<0.05$）のものについて，原則として，相対度数のグラフを掲載した。

第2節　消費税，所得税，法人税の負担感

本調査の分析結果の説明をする前に，消費税，所得税，法人税の負担感に関する筆者の見解を述べておきたい。

政府が諸政策を行う上で，国民の租税に対する負担感を考慮することは重要である。税金の種類によって，負担感も異なる。平井源治氏は，「しばしば，客観的な租税負担と納税者の主観的租税負担の関係は一致せず，とくに税種によってその違いも異なるといわれる。その理由は，人々が自分の納めている租税に気づいているか否かにある。租税心理学の用語でいう租税の（不）可視性が負担感を大きく左右するからである」とし，「負担感は申告所得税，源泉徴収所得税，個別消費税，一般消費税および公債の順に減少するであろう」と述べている[1]。

この中で，税金一般と公債の可視性の違いは，確かに重要である。公債は，将来の租税負担につながるにもかかわらず，国民はその負担を実感していない。これは，社会共通の費用を分担するという意識の希薄さとリンクしている。し

1） 平井・前掲注序章（2）213, 214頁。

かし，税金の（不）可視性と負担感の関係については，もう少し別の見方もできるのではないだろうか。

　税金の種類で見ると，源泉徴収所得税は毎月の支給明細や年間の源泉徴収票により，また，消費税は財・サービス価格の総額表示により認識できるので，可視性はあるといえる。消費税と申告所得税は，いずれも可視性のある税金であるが，消費税のほうが申告所得税よりも負担感が小さいと感じる人々のほうが多いのではないかと考える。消費税の負担は，欲しい財・サービスを手に入れるという自分の欲求を満たす行為と同時に行われるので，消費税の負担感が減殺されるという見方ができる。

　このような消費税の負担感に対して，申告所得税は，いったん懐に入った収入金額から現金で納税するので，直接的な負担を感じることになる。もっとも，収入金から直に申告所得税の納税資金に充てるわけではない。収入金額の計算対象となる年分と所得税の納付時にタイムラグがあることや，その納付時に必要な資金が必ずしもあるとは限らない点なども負担感を増す要因となり得る。また，所得税は，収入すべき金額から必要経費を差し引いた所得を課税対象としており，信用経済の下では収入金と必ずしも直接的に結びついていない部分もある。

　また，（不）可視性の観点からいえば，消費者等にとって，法人税は目に見えない税金であるといえる。法人税の法律上の納税義務者は法人であるが，その実質的な負担は，生産・販売活動，賃金，利潤の分配などを通じて，株主，従業員，消費者などへ転嫁する。財・サービスの本体価格へ転嫁された法人税は，消費者にとっては，目に見えない税金であり，直接的な負担感はない。もし，財源確保のために法人税を増税することになれば，法人の国際競争力を削ぐだけでなく，社会共通の費用を分担するという国民の意識を曖昧なものとする。

第4章 消費税，所得税，法人税に関する意識の調査結果

第3節　消費税に関する意識調査の分析結果等

1　税収の使途

　消費税（国分）の税収については，平成11年度から，予算総則上，高齢者三経費（基礎年金，老人医療，介護）に充当されている。また，政府の「社会保障・税一体改革成案」（平成23年6月30日）によれば，今後は，高齢者三経費を基本としつつ，「制度として確立された年金，医療及び介護の社会保障給付並びに少子化に処するための施策に要する費用（社会保障四経費）」に充当する分野を拡充するとしている[2]。

　一般の人々にとって，消費税の負担とその使途はたいへん気になるところであり，その意識を調査するために次の質問をした。

> **(問16)**　国の予算総則上，消費税の収入（国分）は，高齢者三経費（基礎年金，老人医療，介護）に充てられていますが，財源不足が生じています（下記グラフ参照）。その財源不足を埋めるために，2010年代半ばまでに消費税率（国・地方）を10％まで引き上げることが検討されています。このことについて，どう思いますか。
> 　　（回答は一つ）
> ①　高齢者三経費（基礎年金，老人医療，介護）の財源不足を埋めるために消費税の税率を引き上げることは，やむを得ないと思う。
> ②　消費税の税率の引上げはやむを得ないが，その使い道は，高齢者三経費（基礎年金，老人医療，介護）だけでなく，少子化に対処する費用にも充てるべきである。
> ③　消費税の税率の引上げはやむを得ないが，その使い道は，社会保障だけに限定すべきではないと思う。
> ④　消費税の税率の引上げには，そもそも反対である。

---

2)　政府の「社会保障・税一体改革成案」9頁（平成23年6月30日）政府・与党社会保障改革検討本部決定（「社会保障四経費」，平成21年度税制改正法附則104条）。

第2編 実 証 編

⑤ その他（　　　　）

（平成22年度予算）

消費税4％＋
地方消費税1％

消費税の財源
不足（スキマ）
〔9.8兆円〕

基礎年金
老人医療
介　護

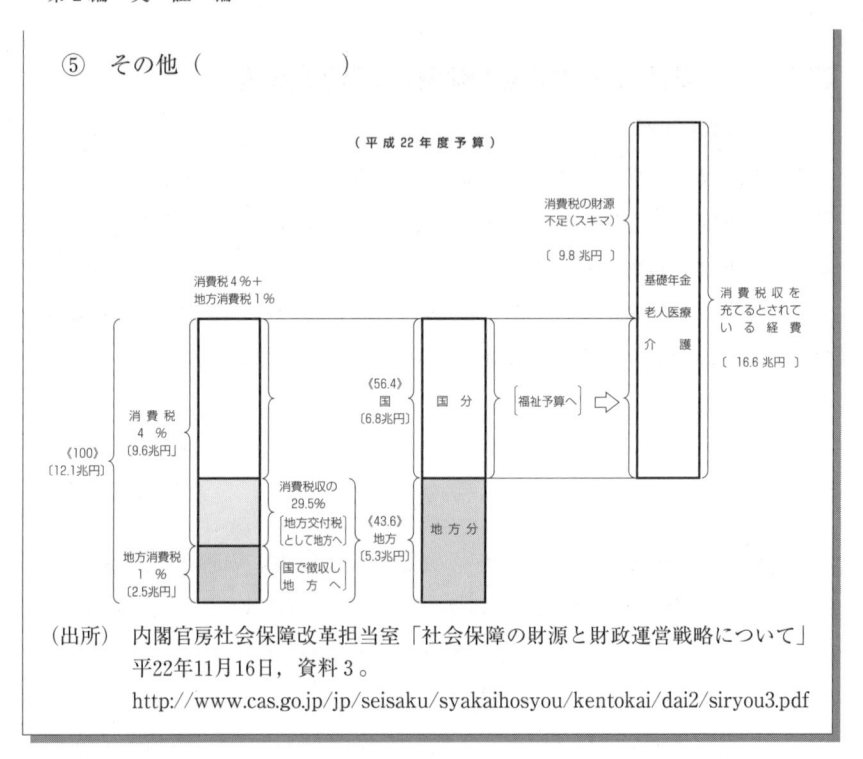

消費税収を
充てるとされ
ている経費
〔16.6兆円〕

消費税
4％
〔9.6兆円〕

〈56.4〉
国
〔6.8兆円〕

国　分

〔福祉予算へ〕⇨

〈100〉
〔12.1兆円〕

消費税収の
29.5％
〔地方交付税
として地方
へ〕

地方消費税
1％
〔2.5兆円〕

〔国で徴収し
地方へ〕

〈43.6〉
地方
〔5.3兆円〕

地方分

（出所）　内閣官房社会保障改革担当室「社会保障の財源と財政運営戦略について」
　　　　 平22年11月16日，資料3。
　　　　 http://www.cas.go.jp/jp/seisaku/syakaihosyou/kentokai/dai2/siryou3.pdf

イ　年齢階級別分析

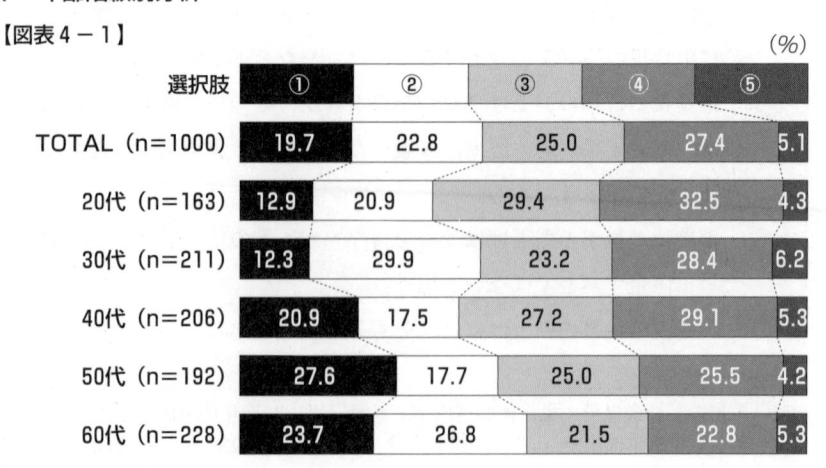

【図表4－1】

(%)

選択肢	①	②	③	④	⑤
TOTAL (n=1000)	19.7	22.8	25.0	27.4	5.1
20代 (n=163)	12.9	20.9	29.4	32.5	4.3
30代 (n=211)	12.3	29.9	23.2	28.4	6.2
40代 (n=206)	20.9	17.5	27.2	29.1	5.3
50代 (n=192)	27.6	17.7	25.0	25.5	4.2
60代 (n=228)	23.7	26.8	21.5	22.8	5.3

P＝0.002**

第4章 消費税，所得税，法人税に関する意識の調査結果

全体では，税率引上げ容認派（①＋②＋③）は67.5％，反対派（④）は27.4％となっている。

年齢階級別に見ると，税率引上げ容認派（①＋②＋③）は，20代で63.2％，30代で65.4％，40代で65.6％，50代で70.3％，60代で72.0％と年齢階級が上がるにつれて増えている。

消費税収入の使途を見ると，全体では，福祉目的に充てるとする①と②の合計は42.5％であるが，使途を限定しない③も全体で25.0％いる。年齢階級別では，高齢者三経費の財源不足に充てる①の割合は，現役引退が近づきつつある50代で27.6％と最も高い。少子化に対処する費用にも充てるべきとする②の割合は，30代で29.9％と最も高く，40代で17.5％，50代で17.7％と低いが，60代では26.8％と高くなっている。

□　男女別分析

有意差なし（P＝0.460）。

八　世帯収入区分別分析

【図表4－2】 (%)

選択肢	①	②	③	④	⑤
TOTAL（n＝1000）	19.7	22.8	25.0	27.4	5.1
200万円未満（n＝113）	15.9	23.0	30.1	28.3	2.6
200万円〜400万円未満（n＝223）	22.0	20.6	20.2	31.4	5.8
400万円〜600万円未満（n＝252）	15.9	25.8	24.6	28.6	5.2
600万円〜800万円未満（n＝116）	21.6	25.0	20.7	28.4	4.3
800万円〜1,000万円未満（n＝75）	25.3	18.7	30.7	21.3	4.0
1,000万円以上（n＝84）	28.6	22.6	31.0	14.3	3.6

P＝0.039*。世帯収入の不明分（n＝137）は，除外して計算。

（注）「世帯収入」の意味：第3章【図表3－18】の（注）参照。

第2編　実　証　編

世帯収入が200万円以上では，それが上がるにつれて，税率引上げ容認派（①＋②＋③）の割合が増えている。世帯年収400万円～600万円未満と600万円～800万円未満では，使途を少子化に対処する費用に充てる②の割合が，それぞれ25.8%，25.0%と高い。世帯年収が800万円～1,000万円未満と1,000万円以上では，使途を限定しない③の割合が，それぞれ30.7%，31.0%と高い。世帯収入200万円未満も使途を限定しない③が30.1%と高いが，これは，子や親などの扶養親族のいない者の割合が66.4%[3]と高いことが影響していると考えられる。

二　職業別分析

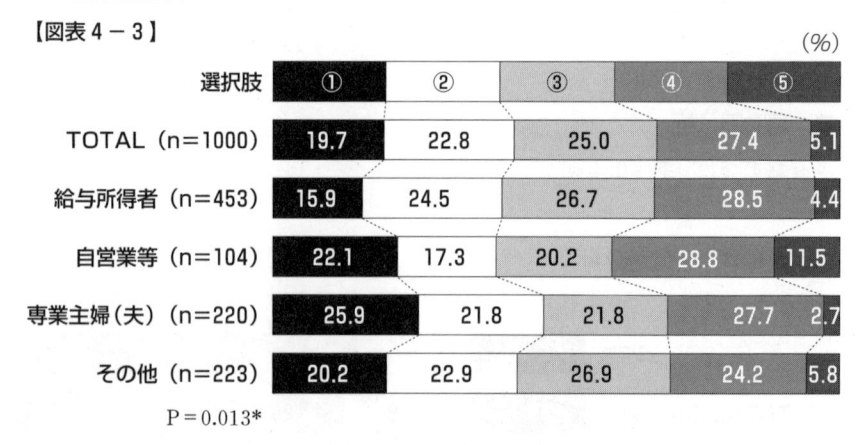

【図表4-3】

(%)

選択肢	①	②	③	④	⑤
TOTAL (n=1000)	19.7	22.8	25.0	27.4	5.1
給与所得者 (n=453)	15.9	24.5	26.7	28.5	4.4
自営業等 (n=104)	22.1	17.3	20.2	28.8	11.5
専業主婦(夫) (n=220)	25.9	21.8	21.8	27.7	2.7
その他 (n=223)	20.2	22.9	26.9	24.2	5.8

P=0.013*

（注）「職業別」の意味：第3章【図表3-7】の（注）参照。

給与所得者は，他の職業と比べて，高齢者三経費の財源不足に充てるとする

---

[3]　世帯収入区分別の扶養親族のいない者の割合
　　200万円未満（n=113）：66.4%
　　200万円～400万円未満（n=223）：48.0%
　　400万円～600万円未満（n=252）：36.5%
　　600万円～800万円未満（n=116）：34.5%
　　800万円～1,000万円未満（n=75）：33.3%
　　1,000万円以上（n=84）：41.7%

第4章 消費税，所得税，法人税に関する意識の調査結果

①の割合が15.9％と低く，使途をそれに限定しない②と③の割合が比較的高い。専業主婦（夫）は，①の割合が25.9％と高い。

ホ 社会モデル別分析

本章第1節で述べたように，日本が将来目指すべき社会のイメージについて，民間主導の共助型社会（A）を支持する者は全体の15.0％（n＝150），伝統的な企業中心の共助型社会（B）を支持する者は全体の48.1％（n＝481），政府が中心的役割を担う高福祉・高負担社会（C）を支持する者は全体の33.2％（n＝332）であった。A，B，Cを支持する者について，消費税収入の使途や負担の是非に関する意識を表したものが【図表4－4】である。2以降でも，同様の分析を行っている。

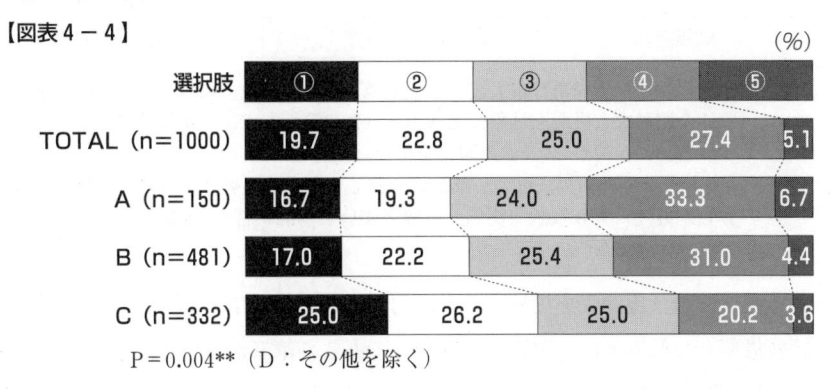

【図表4－4】 (％)

選択肢	①	②	③	④	⑤
TOTAL (n=1000)	19.7	22.8	25.0	27.4	5.1
A (n=150)	16.7	19.3	24.0	33.3	6.7
B (n=481)	17.0	22.2	25.4	31.0	4.4
C (n=332)	25.0	26.2	25.0	20.2	3.6

P＝0.004**（D：その他を除く）

税率引上げ容認派の割合（①＋②＋③）は，A支持派が60.0％，B支持派が64.6％，C支持派が76.2％となっている。Cの高福祉・高負担社会を支持する人々は，税率引上げ容認派が多く，反対派の③が20.2％と他よりも低い。

（問16）の質問は，消費税の使い道を調べることを目的としている。社会システムの在り方をまず考え，そのための財源をどうするのかという「量出制入」の思考プロセスのもとで，人々がどのような回答をするのかを調査する意図があった。消費税の税率引上げに「賛成ですか？」，「反対ですか？」という

第2編　実　証　編

ように単に負担の賛否を聞くのであれば，「反対」と答える者は27.4％よりも多くなったのではないかと推測される。実際，消費税増税について報道機関等で世論調査が行われているが，税率引き上げ反対の割合は，本調査の結果よりも20％程度高い。

日本経済新聞社等による世論調査[4]では，内閣支持率とともに，社会保障と税の一体改革で焦点となる消費税増税について2010年代半ばまでに段階的に10％まで引き上げる政府案の賛否について質問している。

実施時期	平23.11.25～27	平23.12.23～25
野田内閣支持率	支　持：51% 不支持：39%	支　持：36% 不支持：53%
消費税の税率 10％まで引き上げ	賛　成：45% 反　対：47%	賛　成：38% 反　対：53%
調査方法	ＲＤＤ方式（注1）	ＲＤＤ方式（注2）

（注1）　日経リサーチが東日本大震災の被災地（岩手，宮城，福島3県の一部地域）を除く全国の成人男女を対象に乱数番号（ＲＤＤ）方式により電話で実施。有権者がいる1393世帯から927件の回答を得た。回答率は66.5％。
（注2）　日経リサーチが福島県の一部地域を除く全国の成人男女を対象に乱数番号（ＲＤＤ）方式により電話で実施。有権者がいる1438世帯から928件の回答を得た。回答率は64.5％。

上記2回の世論調査を比較すると，内閣支持率の低下と消費税の税率引き上げ賛成割合の低下とは，関連がありそうである。筆者が実施した本調査によると，「消費税の税率引上げなどによる増税を国民が受け入れるに当たり大きな障害になるものは何か」という趣旨の質問（第3章第6節（問6）参照）に対して，「政治に対する不信感」をあげる者が69.5％もいた。上記世論調査における内閣支持率低下の背景には，原発事故収束宣言，国家公務員の給与引き下げ特例法案の未成立，議員定数削減の先送りなどをめぐる混乱などがあった。

消費税の税率引き上げの支持率は，内閣支持率と連動しているような感もあ

---

[4]　この世論調査は，日本経済新聞社とテレビ東京が共同で実施したものである。平成23年11月28日本経済新聞朝刊1，2頁。平成23年12月26日本経済新聞朝刊1，2頁。

第4章 消費税, 所得税, 法人税に関する意識の調査結果

る。しかし, 消費税の税率引き上げに関する質問は, 調査方法によっては別の結果がもたらされることもありえる。上記世論調査でとられたＲＤＤ法は, 回答者が次々と質問を聞かされ, 順次回答していく方法である。じっくりと考えることができず, 全体として筋道のついた答えができないこともあるだろう。また, 前の質問内容にとらわれて必ずしも本意ではないような回答をしてしまう可能性もある。上記世論調査の場合, 回答者の中には「内閣不支持」と回答したことによって, 揺れ動く意識の中で, 次に「消費税の税率引き上げ反対」という回答が引き出され, 社会保障財源の確保という視点が欠けてしまった可能性もないとはいえない。

なお, 筆者が実施した本調査の場合, 回答者が（問16）の質問文と社会保障財源に関する説明図を見ながら, 各人がそれぞれ必要な時間をかけて回答している（回答時間は第3章第1節参照）。

筆者は, 消費税の税率引上げに対して, 生活苦や政治・行政不信等を理由とするコアな反対派の人々は, 本調査の結果と同様に, 全体の3割程度存在するのではないかと推測する。そして, そのほかに, 世論調査の質問の仕方や政治の動向しだいで, 税率引上げ反対に回る可能性のある流動的な人々が2割前後存在するのではないかと推測する。

序章で述べたように, 本調査で知りたいことは, 人々の付和雷同の気分や雰囲気ではなく, 人々がそれぞれの日常生活の中で抱いている考え方や感じ方である。それらは, 人々が能動的に考えて形成した意思や態度の総和としての「輿論（よろん）」(public opinion) となる。これは, ものごとに対する人々の反応の総和としての「世論（せろん）」(popular sentiments) とは区別される。

過去の消費税をめぐる世論調査は, 人々の付和雷同の気分や雰囲気の反映だったようなところがあることも否めない（第2章第3節）。賛成か反対か, 支持か不支持かというデジタル的な調査結果の数値が独り歩きし, 世論形成に強い影響を与えてきたところがあるのではないか。人々がどのような社会を築いていきたいのか, そのために租税負担はどうあるべきかを一人一人が能動的に考えられるように環境を整えていく必要がある。増税が今後避けられないの

であるとすれば，当局が国民に分かりやすいデータを更に提供し，国民の判断に資するようにしていただくことを期待したい。

【参考】 消費税の在り方を能動的に考えるための試みの例

◆ 討論型世論調査（デリバラティブ・ポール：deliberative poll）[5]
　慶応大学の曽根泰教教授は，討論型世論調査（デリバラティブ・ポール）という手法で民意の分析に取り組んでいる。一般的な世論調査をしたうえで，全国の回答者から百数十人を2泊で都内に集め，年金制度や財政に関する少人数の討論会や専門家を交えた全体討議を3回繰り返す。討論前と討論後にアンケートし，「熟議」の結果，社会保障財源を確保するための消費増税を容認する回答割合が約10ポイント上がったという。正確な情報があれば有権者は正しく判断する旨述べている。

◆ 学生を対象とした模擬アンケート調査
　筆者は，本調査の実施に先立ち，新潟大学で担当する授業において履修学生を対象に模擬アンケート調査を実施した。平成23年度前期授業（租税理論Ⅰ，税法入門等）において，複数回にわたり授業中に質問文を回覧し，選択肢の回答欄に匿名で○印を付してもらうという簡便な方式により実施した。履修学生311人（経，人，教，法，理，医，歯，工，農）のうち，アンケートに協力してくれた学生（出席者）は，質問項目によって異なり，6～8割程度である。
　上記（問16）とほぼ同内容の質問を行ったところ，消費税率引上げ容認派は全体の85.7%，反対派は全体の10.4%となっており，全国ベースの本調査の結果（税率引上げ容認派の合計：67.5%，反対派：27.4%）と比べて，税率引上げ容認派が18.2%多く，また，反対派は17.0%少なかった。
　これは，学生が，日本の財政の現状，租税の根拠・目的，各基幹税の仕組みや特徴等に関する授業を事前に受けていたこと，また，レポート作成を通じて各人が能動的に考える機会があったことが影響していると考えられる。

2　税率引上げの水準

　上記1で消費税の税率引上げに反対した者（④：n=274）を除いた者（①+②+③+⑤：n=726）を対象として，税率引上げを容認する水準はどこまでかを調べるために，次の質問をした。

5）　2011年11月13日　日本経済新聞朝刊　2頁「『消費税おばけ』は出るか（風見鶏）」。

第4章 消費税，所得税，法人税に関する意識の調査結果

(問17) 仮に，消費税の税率が10%に引き上げられても，高齢者三経費（基礎年金，老人医療，介護）の財源不足に充てられるだけかもしれません。子育てや貧困対策などの社会保障を充実させるために，さらなる税率の引上げについてどう思いますか。（回答は一つ）

① 社会保障制度の改革を行いながら，必要な財源を確保するために，欧州諸国の付加価値税の水準（下記グラフ参照）である税率20％前後まで，段階的に引き上げていくべきだと思う。

② 税率10％程度の引上げにとどめ，その範囲内で社会保障制度の改革を行うべきだと思う。

③ その他（　　　　　　）

付加価値税率（標準税率）の国際比較

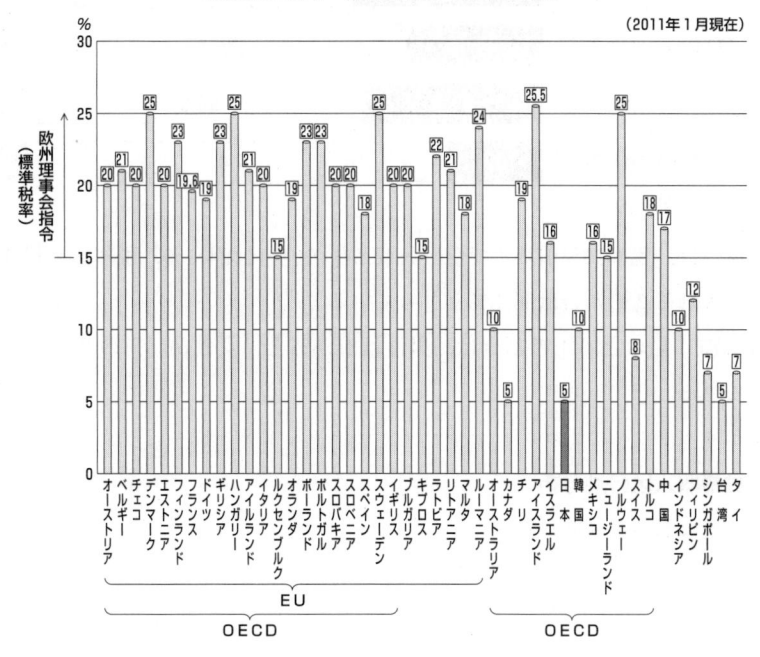

(2011年1月現在)

113

(備考) 1．日本の消費税率5％のうち1％相当は地方消費税（地方税）である。
2．カナダにおいては，連邦の財貨・サービス税（付加価値税）の他に，ほとんどの州で州の付加価値税等が課される。（例：オンタリオ州8％）
3．アメリカは，州，郡，市により小売売上税が課されている。（例：ニューヨーク州及びニューヨーク市の合計　8.875％）
(出所) 各国大使館聞き取り調査，欧州連合及び各国政府ホームページ等による。
財務省　http://www.mof.go.jp/tax_policy/summary/consumption/102.htm

イ　年齢階級別分析

有意差なし（P＝0.481）。

ロ　男女別分析

【図表4－5】 (%)

選択肢	①	②	③
TOTAL（n＝726）	24.1	66.5	9.4
男性（n＝359）	31.8	58.5	9.7
女性（n＝367）	16.6	74.4	9.0

P＝0.000***

　全体では，税率20％前後まで受け入れる①の割合は24.1％，税率10％程度まで受け入れる②の割合は66.5％となっている。

　男女別に見ると，①の割合は，男性は31.8％と，女性16.6％の2倍近くになっている。

ハ　世帯収入区分別分析

有意差なし（P＝0.112）。

第4章 消費税，所得税，法人税に関する意識の調査結果

二 職業別分析
【図表4－6】

(%)

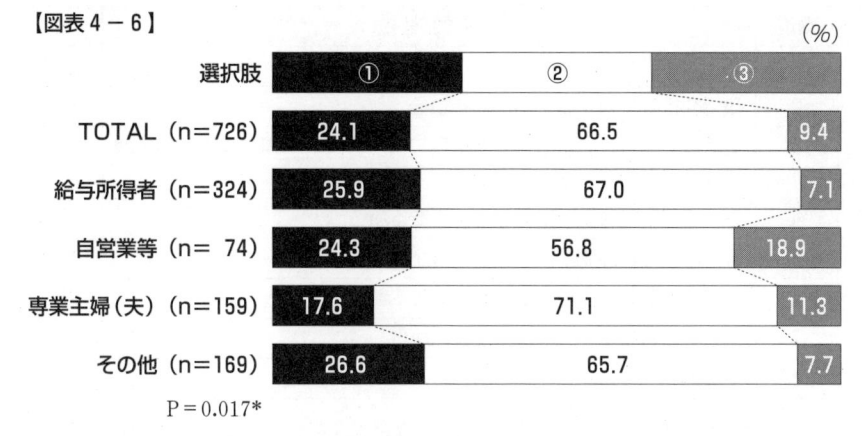

選択肢	①	②	③
TOTAL (n=726)	24.1	66.5	9.4
給与所得者 (n=324)	25.9	67.0	7.1
自営業等 (n= 74)	24.3	56.8	18.9
専業主婦（夫）(n=159)	17.6	71.1	11.3
その他 (n=169)	26.6	65.7	7.7

P＝0.017*

（注）「職業別」の意味：第3章【図表3－7】の（注）参照。

　専業主婦（夫）は，税率20％前後まで受け入れる①の割合は17.6％と少ないが，これは，上記ロの女性の傾向とも関連している。

ホ 社会モデル別分析
　有意差なし（P＝0.207）。

3　税率引上げの反対理由

　消費税の税率引上げに反対する者（問16④回答者：n＝274）を対象として，次の質問を行った。

> （問18）　消費税の税率の引上げに反対する理由は何ですか。（いくつでも回答可）

　その回答結果を整理したものが【図表4－7】である。税率引上げ反対者の約半数が，上位4項目をその理由として選んでいる。

【図表4−7】消費税の税率引上げに反対する理由（n＝274，回答はいくつでも可）

順位	反 対 理 由	%
1	不況で家計が苦しいから	53.6
2	政治や行政に対する不信があるから	53.3
3	消費税ではなく，法人税や所得税により企業や裕福な人の負担を増やすべきであるから	51.5
4	もっと行財政改革を進めるべきであるから	50.7
5	現行の社会保障制度に不満があるから	26.6
6	益税の問題など現行の消費税制度に不備があるから	19.3
7	消費税の持つイメージがよくないから	8.8
8	その他（　　　　　　）	7.3

（注）　その他の意見としては，経済の停滞の要因になるからなどの意見があった。

4　益　　税

　消費税は平成元年4月1日に導入された。その際，納税義務者である事業者の立場に配慮して，その事務負担を軽減するための諸制度（帳簿方式，事業者免税点制度，簡易課税制度，限界控除制度）が導入された。これらは，消費税の円滑な導入に寄与したが，中小零細事業者への手厚い措置は，消費税の一部が事業者の手元に残るという益税の問題を生み，批判を招くことになった。益税の縮小に向けて，上記の諸制度は，平成3年，平成6年，平成15年の法改正により，順次，見直されてきた。

　また，益税には日本独自の請求書等保存方式（旧帳簿方式）に基因するものもある。益税問題の抜本的解決やゼロ税率を含む複数税率の採用にあたっては，現行方式をインボイス方式に改める必要がある。現在の消費税の仕組みが維持されたままで，もし，税率の引上げが行われることになれば，益税が膨らむことになり，その問題が再燃しかねない。そこで，益税に関する人々の意識を調査するために，次の質問をした。

第4章 消費税，所得税，法人税に関する意識の調査結果

> **(問19)** 現行の消費税の仕組みでは，消費者が負担した消費税の一部が税務署に納められずに販売した事業者の手元に残ってしまうことがあります。これを益税といいます。「中小零細事業者は消費税の計算や納税に係る事務が大変なので，益税はある程度まで許容すべきだ。」という意見についてどう思いますか。（回答は一つ）
> ① そう思う。
> ② そうは思わない。
> ③ その他（　　　　　）

イ　年齢階級別分析

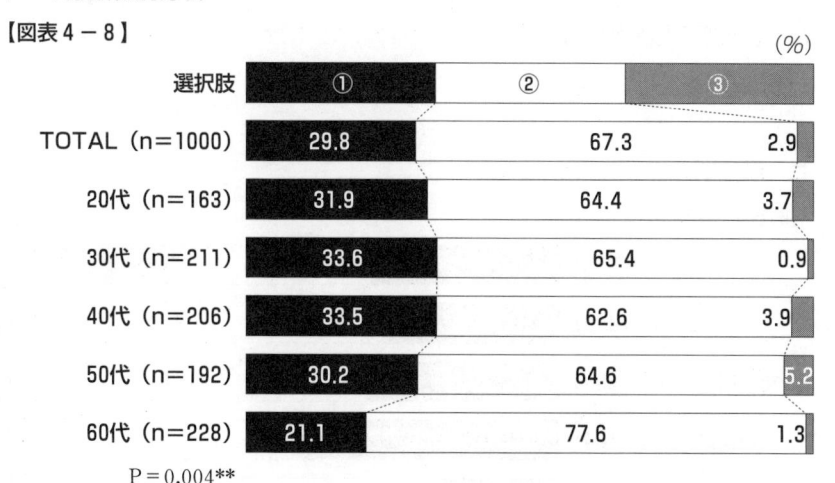

【図表4－8】

(%)

選択肢	①	②	③
TOTAL (n=1000)	29.8	67.3	2.9
20代 (n=163)	31.9	64.4	3.7
30代 (n=211)	33.6	65.4	0.9
40代 (n=206)	33.5	62.6	3.9
50代 (n=192)	30.2	64.6	5.2
60代 (n=228)	21.1	77.6	1.3

$P = 0.004**$

全体では，ある程度の益税容認派の①は29.8%，非容認派の②は67.3%となっている。60代では，非容認派の②が77.6%と他の年齢階級と比べて高い。消費税が導入された当時，60代は30代後半～40代後半であった。益税が大きな社会問題となった頃の意識が定着している者が，比較的多いのではないかと推測される。

第2編　実　証　編

ロ　男女別分析

【図表4－9】

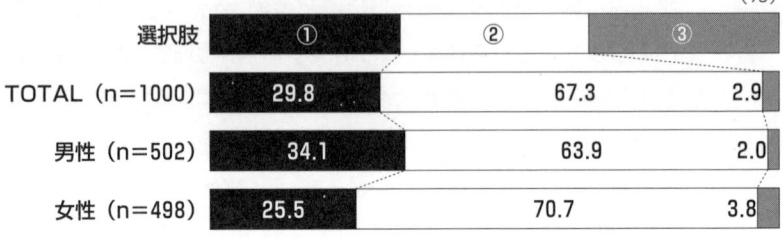

選択肢	①	②	③
TOTAL (n=1000)	29.8	67.3	2.9
男性 (n=502)	34.1	63.9	2.0
女性 (n=498)	25.5	70.7	3.8

$P = 0.004**$

　益税の非容認派の②の割合は，女性が70.7％となっており，男性よりも7％ほど高い。

ハ　世帯収入区分別分析

　有意差なし（$P = 0.967$）。

ニ　職業別分析

【図表4－10】

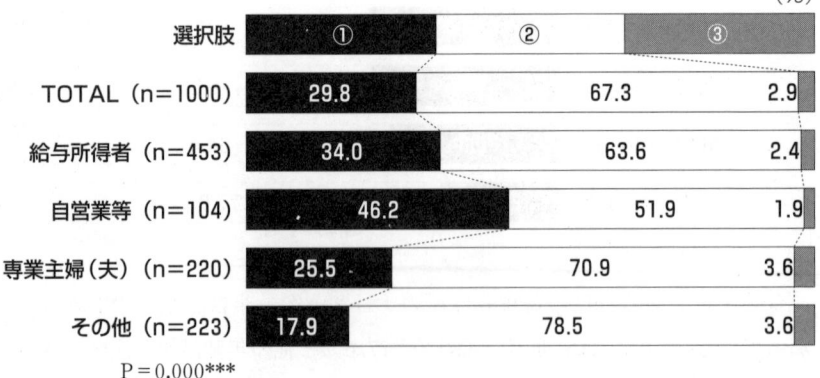

選択肢	①	②	③
TOTAL (n=1000)	29.8	67.3	2.9
給与所得者 (n=453)	34.0	63.6	2.4
自営業等 (n=104)	46.2	51.9	1.9
専業主婦(夫) (n=220)	25.5	70.9	3.6
その他 (n=223)	17.9	78.5	3.6

$P = 0.000***$

（注）「職業別」の意味：第3章【図表3－7】の（注）参照。

　益税を享受する立場にあるのは，事業者である。個人の自営業者等では，ある程度の益税容認派の①が46.2％と，他の職業と比べてやはり多いが，非容認

派の②が51.9%もいる点は興味深い。専業主婦（夫）やその他（年金生活者，学生，無職を含む）では，非容認派の②の割合がそれぞれ70.9%，78.5%と高い。

ホ　社会モデル別分析

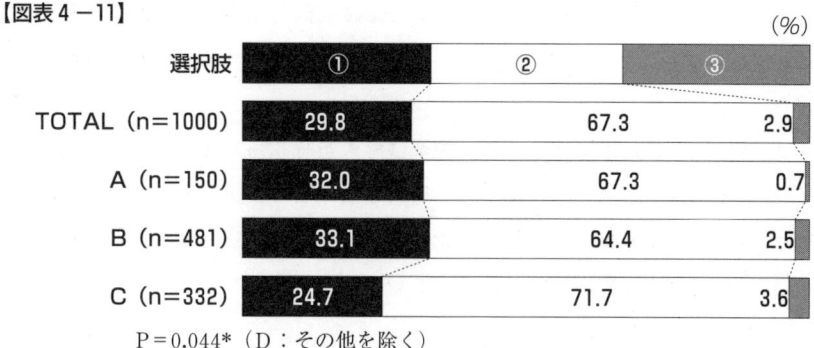

【図表4-11】

(%)

選択肢	①	②	③
TOTAL (n=1000)	29.8	67.3	2.9
A (n=150)	32.0	67.3	0.7
B (n=481)	33.1	64.4	2.5
C (n=332)	24.7	71.7	3.6

P＝0.044*（D：その他を除く）

Cの高福祉・高負担社会を支持する者は，非容認派の②の割合が71.7%と他よりも高い。

5　基幹税の税収の特徴と消費税が安定財源である理由

政府の財政活動に必要な資金は，本来，租税によってその大部分を賄うべきであるが，バブル崩壊以降，歳出総額に占める租税収入及び印紙収入の割合は減少を続け，平成10年度以降は30〜60％台で推移し[6]，不足分を公債発行等に依存せざるを得ない状況にある。

日本の基幹税である所得税，法人税及び消費税の税収の推移は，【図表4-12】のとおりである。

所得税の収入は，平成3年度には26.7兆円とピークに達しているが，バブル崩壊後の景気低迷と累次にわたる減税措置によって減少傾向をたどり，所得税

---

6) 諏訪園健司編著『図説日本の税制　平成23年度版』9頁（財経詳報社，2011）。

の基幹税としての地位が大きく低下してきている。

　法人税の収入は，平成元年度の19兆円をピークに減少に転じ，バブル崩壊後の企業業績の落ち込みや，企業の国際的競争力を確保するために段階的に実施された法人税率の引下げによって，減少傾向にあった。平成15年度以降は外需依存型の景気拡張によって法人税の収入は増えたが，平成19年8月以降の米国のサブプライムローン問題に端を発した金融危機と世界同時不況により，外需依存型の成長を続けてきた日本企業の業績が落ち込み，法人税の税収減につながった。

　消費税は平成元年に施行され，税率は導入当時3％であったが，平成9年度に税率4％（ほか地方消費税1％）に引き上げられてから租税収入に占める割合が高まった。消費税の税収は，景気変動にあまり左右されることなく，10兆円程度で安定的に推移している。

【図表4－12】

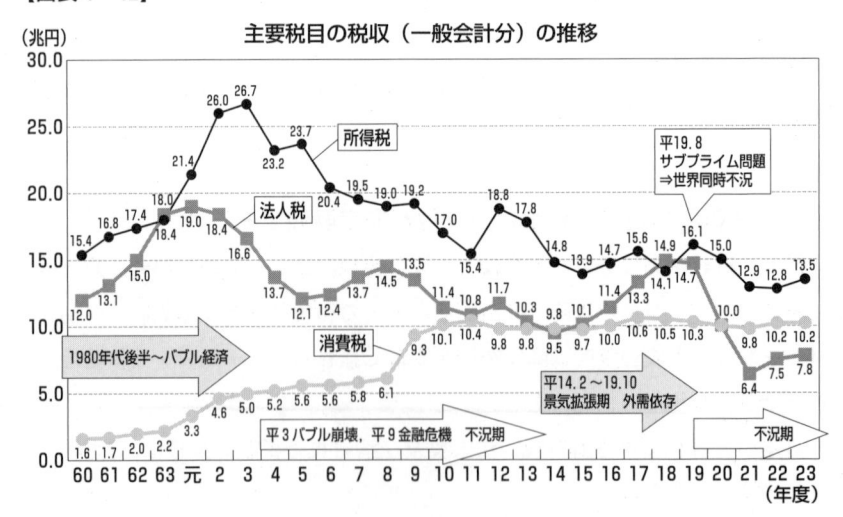

主要税目の税収（一般会計分）の推移

（注）　21年度以前は決算額，22年度は補正後予算額，23年度は予算額である。
（出所）　財務省の公表データを基に作成。
　　　　http://www.mof.go.jp/tax_policy/summary/condition/011.htm

　持続可能な社会保障制度を支える財源を確保することが税制の喫緊の課題で

第4章　消費税，所得税，法人税に関する意識の調査結果

あり，その際，財源となる税収については，一定規模の社会保障の財政需要を賄えるものであると同時に，経済の動向や人口構成の変化に左右されにくいことがまず求められるが，消費税は，これらの要請に応え得るものであるとされる[7]。それでは，なぜ消費税の税収は安定的に推移するのであろうか。その理由については，解説した文献等がほとんどないためか，誤解をしている人も多いようである。そこで，本調査では，次の質問を行った。

> **(問20)** 消費税の税収は，経済の動向に関係なく，平成9年度以降，10兆円程度で安定的に推移しています（前頁グラフ参照）。その理由は何だと思いますか。（回答は一つ）
> ① すべての消費者が生活をするために，商品やサービスを日常的に購入しているから。
> ② 消費税は付加価値に課される税金であり，その付加価値の中に固定費である給与が含まれているから。
> ③ その他の理由（　　　　　）
> ④ わからない。

　回答結果では，①を選んだ者は，全体の61.2%である。②を選んだ者は，全体の16.9%にすぎなかった。

　確かに，未就業者，失業者，退職者などを含め，所得のあるなしに関係なく，すべての人々のライフサイクル全般にわたって安定的に消費が行われている。しかし，そのことは，消費税が法人税等と比べて安定財源であるという理由にはならないと考える。なぜなら，消費者による財・サービスの購入と，法人や個人事業者によるそれらの販売とは裏表の関係にあるからである。つまり，消費者による財・サービスの購入は，消費税と法人税の両方の収入増に関係してくるからである。消費者の立場からだと，消費税の税収が安定する正しい理由

---

[7] 政府税制調査会　平成19年11月「抜本的な税制改革に向けた基本的考え方」21頁。

が見えてこない。①のような誤解が生じるのは,「消費税」という名称が関係しているのかもしれない。もし,名称が「付加価値税」であれば誤解が生じにくいのかもしれない。

　消費税の税収が安定する主な理由は,②の「消費税は付加価値に課される税金であり,その付加価値の中に固定費である給与が含まれているから」であると考えられる。このように理解していた者は,本調査では,全体の16.9％にすぎなかった。20代男性は20.5％と比較的高い。

　日本の消費税は,欧州型の付加価値税（Value Added Tax）の一種である。付加価値税の考え方は,各取引段階の事業者が一定期間に生じた付加価値に係る税額を納付するというものである。その付加価値は,事業者が得た利益だけを意味するのではない。欧州の付加価値税の解説書[8]によれば,その計算について,次のような方式も示されている。

　（a）　**納税額＝税率×（給与＋利益）**
　（b）　**納税額＝税率×給与＋税率×利益**

　上記算式から明らかなように,付加価値には,事業者が得た利益だけではなく,その事業者のもとで働く従業員等の給与も含まれる。しかし,（a）や（b）の方式は,取引単位で計算するものではないことから,免税取引や軽減税率適用対象取引の区分ができないこと,また,会計年度より短い期間で申告期間を設定することができないことなどの欠点がある。そこで,付加価値を算出してから税率を適用する方式ではなく,取引単位で計算する（c）の方式（クレジット・インボイス方式）が,欧州諸国をはじめ広く普及している。日本の消費税も基本構造は（c）であるが,独自の請求書等保存方式（旧帳簿方式）を採用している。

---

[8]　Ben Terra-Julie Kajus "A guide to the European VAT Directives Volume1： Introduction European VAT 2010" IBFD, pp.268-270.
　　Alan Schnek, Oliver Oldman (2006) "Value Added Tax：A Comparative Approach" Cambridge University Press, pp.38-48.

第4章 消費税，所得税，法人税に関する意識の調査結果

(c) 納付税額＝税率×課税売上－税率×課税仕入
　　　　　　　（アウトプット）　　　　（インプット）

　上記の計算式において，給与は課税仕入れに該当せず，仕入税額控除の対象にはならない。したがって，納付税額には給与相当額に係る消費税が含まれることになる。

　赤字法人であっても，消費税を納税するケースが多いのは，このような給与の取扱いが大きく関係していると考えられる。民間企業に勤務する5千万人を超える人々が得た給与総額は，ここ数年では年200兆円前後で安定的に推移しており，これが消費税の税収の安定化の主な要因になっていると考えられる。

【参考】 消費税の税収が安定する理由（参考データ）

　法人税の黒字申告割合は約3割にすぎない。一方，消費税の申告を行った課税事業者（法人と個人事業者）の9割超は，消費税を納税している。

【図表4－13】 法人税の申告事績

事務年度	19	20	21
申告件数　（千件）	2,809	2,805	2,786
黒字申告割合（％）	32.4	29.1	25.5

（出所）　国税庁報道発表資料 http://www.nta.go.jp/kohyo/press/press/press.htm

【図表4－14】 消費税の納税件数と還付申告件数　括弧内は，構成割合（％）

年度	18		19		20	
納税申告件数（千件）	3,516	(95.9)	3,424	(95.6)	3,377	(95.4)
還付申告件数（千件）	152	(4.1)	156	(4.4)	161	(4.6)
合　計	3,668	(100.0)	3,580	(100.0)	3,538	(100.0)

（出所）　第134回平成20年度版国税庁統計年報17頁。

　【図表4－15】は，他の税額計算要素は捨象し，また，便宜的に利益と給与を合計したものを付加価値と表示している。財務総合政策研究所の法人企業統計調査によれば，付加価値に占める人件費の割合は約7割[9]であることから，給与総額が消費税

---

9) 財務総合政策研究所の法人企業統計調査

第2編　実　証　編

の税収に与える影響は大きいと推測される。

【図表4－15】

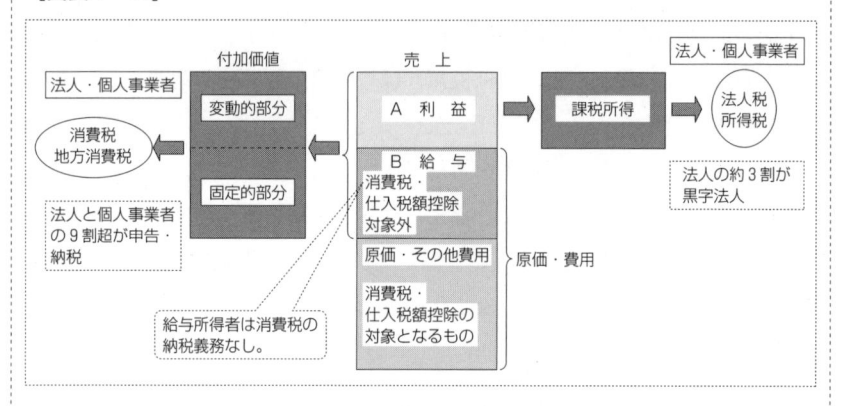

```
                付加価値        売　上              法人・個人事業者
法人・個人事業者                ┌─────┐                    ┌──────┐
                変動的部分  │ A 利 益 │ → 課税所得 → │法人税 │
  消費税    ←                 ├─────┤                    │所得税│
  地方消費税     固定的部分  │ B 給 与 │                    └──────┘
                              │消費税・ │
法人と個人事業者              │仕入税額控除│          法人の約3割が
の9割超が申告・              │対象外  │            黒字法人
納税                          ├─────┤
                              │原価・その他費用│─原価・費用
           給与所得者は消費税の│消費税・ │
           納税義務なし。      │仕入税額控除の│
                              │対象となるもの│
                              └─────┘
```

　法人の売上金額は景気動向の影響を受けて変動することはあっても，給与は固定費であり，その総額は安定的に推移している。ただし，平成11年以降に総額が減少しているが，これは労働者派遣法の平成11年改正により，非正規雇用割合が高まってきたことが影響しているとみられる。

　法人税と消費税は，制度上，納税義務者と負担者が同じかどうかにより，それぞれ直接税と間接税に区分されるが，その実態上の違いは転嫁の態様にある。法人税の納税義務者は法人であるが，その実質的な負担は，生産・販売活動，賃金，利潤の分配などを通じて，株主，従業員，消費者などへ転嫁する。一方，消費税の納税義務者は事業者であるが，制度上，その負担が各取引段階を通じて転嫁し最終的に消費者に帰着することが予定されている。もっとも，実質的に転嫁が行われるかどうかは，取引当事者間の力関係にもよる。

　　付加価値率(％)＝付加価値額*／売上高×100
　　＊付加価値額＝人件費＋支払利息等＋動産・不動産賃借料＋租税公課＋営業純益

	2008（平成20）	2009（平成21）	2010（平成22）
①付加価値（億円）	2,643,278	2,633,478	2,719,175
②人件費（億円）	1,975,017	1,967,085	1,948,388
③構成比（②／①％）	74.7	74.7	71.6

http://www.mof.go.jp/pri/reference/ssc/results/index.htm

第4章 消費税, 所得税, 法人税に関する意識の調査結果

【図表 4 −16】

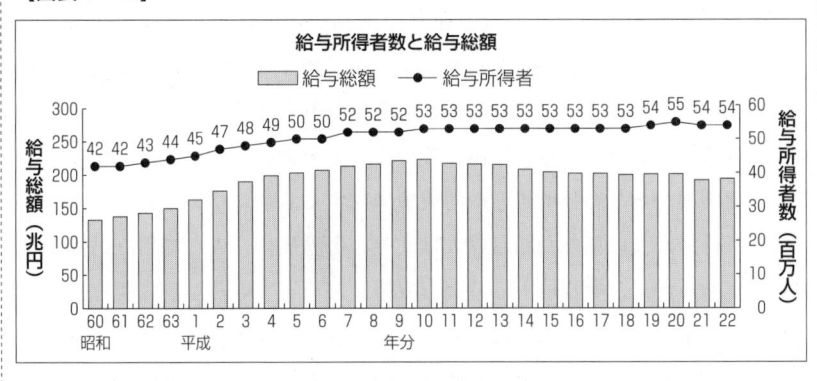

給与所得者数と給与総額

(出所) 国税庁の民間給与実態統計調査結果を基に作成。
http://www.nta.go.jp/kohyo/press/press/2010/minkan/index.htm

【図表 4 −17】

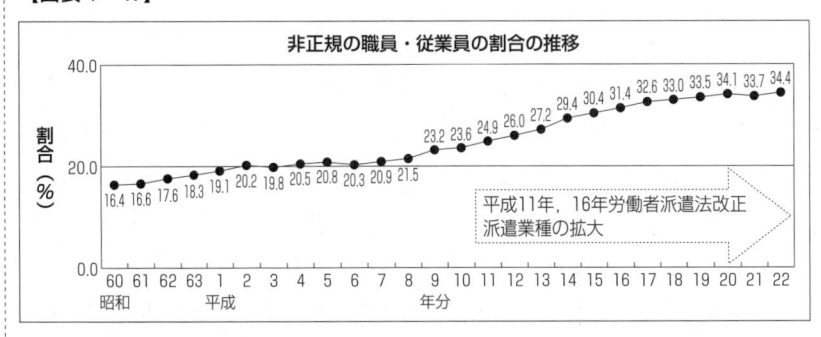

非正規の職員・従業員の割合の推移

平成11年, 16年労働者派遣法改正
派遣業種の拡大

(出所) 総務省統計局労働力調査。「雇用形態別雇用者数」を基に作成。
http://www.stat.go.jp/data/roudou/longtime/03roudou.htm

前掲の【図表 4 −12】において, 平成14年2月〜19年10月の間は外需依存型の景気拡張期に当たり, 輸出拡大などによって法人税の税収が伸びているが, 消費税の税収は伸びていない。これは, 法人税では輸出による所得が課税対象となるのに対し, 消費税では消費地課税主義をとっていることが関係していると考えられる。外国へ輸出される物品は, 輸出先（仕向地）の国で消費されるので, わが国では消費税を免除することになっている（輸出免税）。

第2編　実　証　編

6　消費税に対する給与所得者の意識

　上記5で消費税の計算における給与の位置づけを詳しく述べたのは，企業（ここでは法人や個人事業者を意味する）内で働く役員や従業員が，給与所得者として企業活動による付加価値の創出過程と個人生活における消費過程の両面で，消費税の税収に大きく貢献していることを指摘しておきたいからである。こうした両面から，給与所得者の消費税に対する意識について考えてみたい。

　給与所得者が受け取った給与収入は，その労務提供によって生み出された付加価値であるが，消費税法上は特別な取扱いになっている。消費税法上は，給与所得者は事業者には該当しないので，消費税の納税義務者にはなり得ない。給与収入が消費税の課税対象とされないのは，もし，課税対象にすると，給与所得者に過重な事務負担を負わせることになるし，また，税務執行上，その把握が困難であるからである。一方，事業者である企業の消費税額の計算においては，支給する給与は仕入税額控除の対象とはならない。給与所得者の生み出した付加価値の金額である給与とこれに係る消費税との関係について，法律関係を離れて，経済実質的な視点からとらえてみると，給与に係る消費税は事業者である企業がその納税に係る事務を肩代わりしているという見方もできる。

　この見方をイメージ的に説明すると，企業自身に法的に帰属する付加価値である利益の部分（【図表4-15】のAの部分）に係る消費税と，その企業で働く給与所得者が生み出した付加価値である給与相当額（同Bの部分）に係る消費税の両方について，企業は納税の事務をしているという見方も概念上はできる。すなわち，企業は，自身に帰属する利益に係る付加価値部分（変動的部分）と給与に係る付加価値部分（固定的部分）を合わせて消費税の申告・納税に関する法的義務を負っていると見ることができる。

　給与所得者は，企業で働くことによって，その企業の課税売上の獲得に直接的又は間接的に貢献しており，付加価値を生み出す実質的な担い手であるが，もう一つの側面がある。すなわち，給与所得者は，稼得した給与収入を糧として経済生活を営んでおり，消費者として消費税の税収に貢献している。

　このように給与所得者は，企業内部における付加価値の創出過程と個人生活

第4章 消費税，所得税，法人税に関する意識の調査結果

の消費過程の両方において，消費税制度を支えているのであるが，前者の過程について消費税の存在を意識することはほとんどないと思われる。企業の目的に沿った活動を行うことによって，給与所得者は，財・サービスの供給側で消費税制度を無意識のうちに支えているともいえる。一方，給与所得者は，個人生活の消費過程において，生活に必要な財・サービスを購入する際に，消費税を負担する。給与の収入金から，財・サービスの購入資金を支出し消費税を負担するので，そのときに消費税の存在を認識することになる。

そして，消費税の税収は，給与所得者の勤労意欲と消費意欲に密接に関わっている。不況になると企業の売上は伸びず，また，給与はその大部分が固定費であり，仕入税額控除の対象にならないことから，企業は非正規雇用の割合を高めることになる。そうした中で，給与所得者の勤労意欲や消費意欲にも影響が出てくる。

作家の村上龍氏は，次のように現状を悲観的に見ている。

「わたしたちは大きなジレンマを抱えてしまった。消費者の立場では「王様」と呼ばれるが，労働者の立場では，一部のスペシャリストを除いて，消耗品となりつつあり，働きがいは失われつつあって，肝心の消費も縮小している。「大きな政府」に戻ろうにも逼迫した財政状況がそれを許さない。非常にやっかいな循環が始まっていて，今のところ解決策は見当たらない。とりあえず，自分は労働者としての生きがいを感じているのか，それとも消費者としての生きがいしかないのか，一度考えてみてはどうだろうか。」[10]

バブル期には消費は美徳とされたが，バブル崩壊後には，平成4年に出版された中野孝次著の『清貧の思想』[11]がベストセラーとなり，人々はモノやカネへの執着から内面生活の豊かさへと関心を向けるようになった。人々の心を満たしてくれるものは，バブル崩壊を境にして質的に変化していった。バブル崩壊後や今日の不況下において消費は低迷しているが，蓄財そのものに満足感や幸福感を感じるという人はほとんどいないであろう。メディアは老後や失業に

---

10) 村上龍『無趣味のすすめ』178頁（幻冬舎，2009）。
11) 中野孝次『清貧の思想』（草思社，1992）。

第2編　実証編

備えた蓄財術のノウハウを放送するよりも，不況のときにこそ，人々の生活の質を豊かにするために，良質で魅力のある財・サービス，余暇の充実した活用の仕方，芸術・文化などを積極的に紹介してみてはどうか。人々は，消費を通じて，生活の質も向上する。もっとも，消費だけに生きがいを求めようとすると，人は孤独に陥ってしまう。本来的に人間関係は，「消費」よりは「生産」という行為によって結びつきが強まるものであろう（第3章第4節参照）。

　人々の勤労意欲をいかに高めるかは，企業経営の問題である。企業が表面上の利益や株主価値の最大化に重点を置くと，非正規雇用を含め企業内で働く人々の働きがいが喪失しかねない。携帯電話や電子マネーなど生活様式を激変させる技術・商品から身近なヒット商品まで，もともとは企業内で働く人々のアイディアから生まれている。そのためには，企業内で働く人々が能力を発揮できる環境づくりこそが重要となる。生産と消費の正の循環は，まず，人々の心の中に生まれる。働きがいを持った職場と生きがいを持った生活の中で生まれる豊かな感性によって，「王様」である消費者の欲求を満たす財・サービスが作り出されるのではないだろうか。消費税の税収は，特に，人々の働きがいをいかに高めるかという企業経営や雇用制度の在り方にかかっているところが大きいといえる。

第4節　所得税に関する意識調査の分析結果

1　累進課税

　所得税については，バブル崩壊後の景気刺激策として累次にわたる大規模な減税措置が実施されてきた結果，景気の低迷と相まって所得税の税収が減少してきた。これらの減税措置がとられた時期において，国民は税金の負担に対してどのような意識を抱いていたのか，またその要因について検討する。

　【図表4－18】は，租税負担に対する国民意識がどのように推移してきたかを示したものである。このデータは，内閣府国民生活局『国民生活選好度調査』の結果を基に作成したものである。同調査は，3年ごとに実施されてきた。その中で，次の質問がある。

第4章 消費税，所得税，法人税に関する意識の調査結果

> **(問)**「学校，上下水道，公園などの社会施設を整備したり，老齢年金や国民健康保険などの社会保障を積極的に充実したりするためには，ある程度税金など個人の負担が増加してもやむを得ない」という考え方がありますが，これについてあなたはどう思いますか。
>
> **(選択肢)** （1）当然である。
> （2）やむを得ない。
> （3）どちらかといえば好ましくない。
> （4）負担が増えるなら必要ない。

【図表4−18】 (単位：％)

	昭53	昭56	昭59	昭62	平2	平5	平8	平11	平14	平17	平20
(1)	7.9	7.4	5.8	3.2	3.2	3.7	3.5	3.0	2.9	2.8	2.5
(2)	46.1	44.5	45.1	43.2	50.0	47.5	43.2	43.9	37.7	38.1	46.6
(3)	32.7	38.1	39.6	49.5	43.3	42.6	45.0	47.3	52.8	51.4	44.8
(4)	3.4	3.7	4.0	3.7	3.1	3.7	3.9	5.3	6.4	7.4	5.2
(3)+(4)	36.1	41.8	43.6	53.2	46.4	46.3	48.9	52.6	59.2	58.8	50.0

【図表4−19】の「負担増否定派」の割合

　【図表4−19】は，所得税の減税措置とその税収の推移との関係，そしてその時期における租税等の負担に対する国民意識（【図表4−18】）を併せて示したものである。減税措置の時期はグラフ上に①〜⑥で示し，それぞれの概要をその下の表に示してある。所得税の税収は，形態別に折れ線グラフで示してある。申告所得税と給与所得等（源泉徴収）の税収は，減税措置と所得水準の低迷によって減少し，利子所得等分（源泉所得税）の税収は低金利により減少していると見られる。なお，平成12年と13年に利子所得等分（源泉徴収）が増加しているが，これは郵便定額貯金の満期が到来し，その利子に対する所得税が臨時的に発生したものである。

第2編　実　証　編

　【図表4－19】の棒グラフは，【図表4－18】の（3）「どちらかといえば好ましくない」と（4）「負担が増えるなら必要ない」を合計した割合の推移を表したものである。バブル崩壊後の1994（平成6）年以降は景気刺激策として所得税・住民税の大規模な減税措置（②～⑥）が相次いで実施される一方で，高齢化の進展とともに社会保障関係費の支出が増大してきた。しかし，グラフ（点線枠内）からわかるように，この時期は，公的負担に対してネガティブな回答をした者の割合が増加している。財政収支のバランスが大きく崩れていった時期に，国民の租税負担に関する意識も低下していったのである。

【図表4－19】所得税の減税措置と国民意識

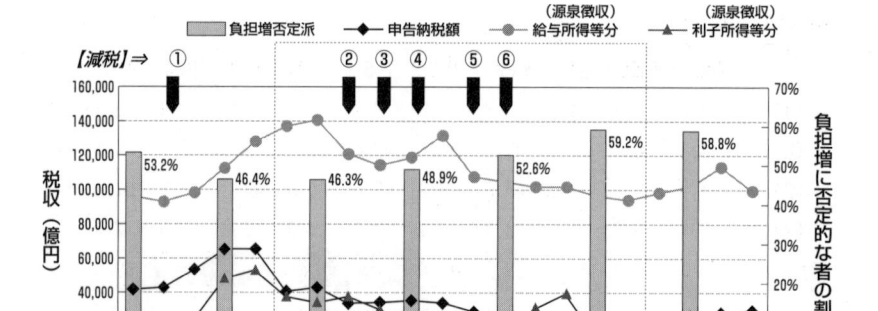

所得税の減税措置と国民意識

（注）　上記グラフの減税措置（①～⑥）の概要[12]

12）　石弘光『税の負担はどうなるか』120頁（中公新書，2004年）。

第4章　消費税, 所得税, 法人税に関する意識の調査結果

【減税】	①	②	③		④	⑤	⑥
実施年度	1987・88年 昭和63年	1994年 平成6年	1995年 平成7年		1996年 平成8年	1998年 平成10年	1999年 平成11年
タイプ	抜本改正 制度減税	特別減税	制度減税	特別減税	特別減税	特別減税	特別減税
減税規模 所得税 住民税	(兆円) 3.9 1.6	(兆円) 3.8 1.7	(兆円) 2.4 1.0	(兆円) 1.4 0.6	(兆円) 1.4 0.6	(兆円) 2.8 1.2	(兆円) 3.0 1.1

1990年代に実施された5回にわたる大規模な減税措置によって, 所得税の財源調達機能が低下してきた。また, 累進税率の緩和によって, 所得再分配機能が低下し, 垂直的公平の確保の観点から問題も出てきた。垂直的公平とは, 大きな担税力を持つ人はより多くの税を負担すべきであるということを意味する。所得税の累進課税に関する意識を調査するために, 次の質問をした。

(問21) 1990年代に実施された5回にわたる大規模な減税措置によって, 所得税や個人住民税の累進課税による負担水準は, 他の先進国と比較すると, 低くなっています（下グラフ参照）。所得税等の負担は, 今後どうあるべきだと思いますか。（回答は一つ）

① 現在のままでよいと思う。
② 所得格差を是正するために高所得者層がもっと多く負担をするように, 累進課税を強化すべきだと思う。
③ 中・低所得者層を含め, 全般的に負担を増やしてもよいと思う。
④ 今よりもさらに減税をすべきだと思う。
⑤ その他（　　　　　）

第2編　実　証　編

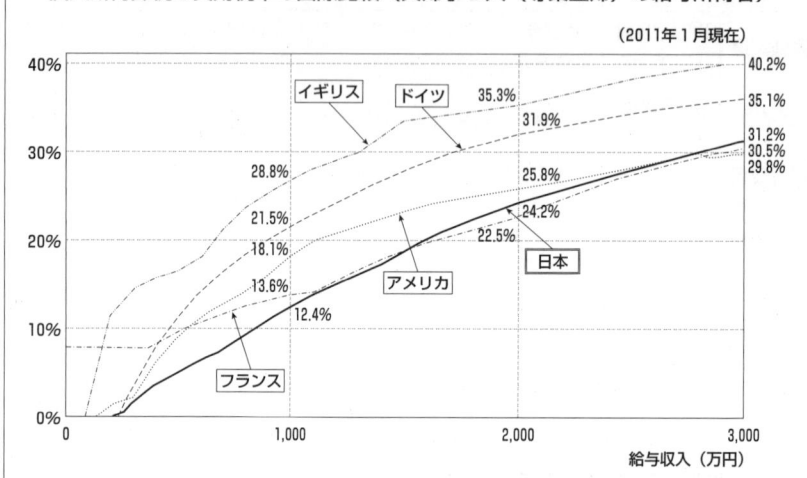

個人所得課税の実効税率の国際比較（夫婦子2人（専業主婦）の給与所得者）

(2011年1月現在)

（イギリス 35.3%　ドイツ 31.9%　40.2%
28.8%　21.5%　25.8%　35.1%
18.1%　22.5%　24.2%　31.2%
13.6%　アメリカ　日本　30.5%
12.4%　　　　　　　　29.8%
フランス）

給与収入（万円）

（出所）　財務省　http://www.mof.go.jp/tax_policy/summary/income/028a.htm
（筆者注）　この場合の「実効税率」は，A÷B（％）で算出されている。
　　　　A　個人の所得に課される国税と地方税の合計額
　　　　B　給与収入の金額

イ　年齢階級別分析

【図表4－20】

(%)

選択肢	①	②	③	④	⑤
TOTAL (n=1000)	18.7	66.9	7.1	5.3	2.0
20代 (n=163)	25.8	58.9	5.5	7.4	2.5
30代 (n=211)	17.5	66.8	8.1	5.7	1.9
40代 (n=206)	22.3	61.7	6.8	6.8	2.4
50代 (n=192)	17.7	66.1	8.3	5.2	2.6
60代 (n=228)	12.3	78.1	6.6	2.2	0.9

P＝0.034*

第4章　消費税，所得税，法人税に関する意識の調査結果

　全体では，現状維持の①が18.7％，高所得者層重点増税の②が66.9％，全般的に増税の③が7.1％，さらに減税の④が5.3％となっている。60代は，②が78.1％と他の年齢階級に比べて高い。この世代には，結果平等主義的な価値観を持つ者が多いのかもしれない。

ロ　男女別分析

　有意差なし（P＝0.071）。

ハ　世帯収入区分別分析

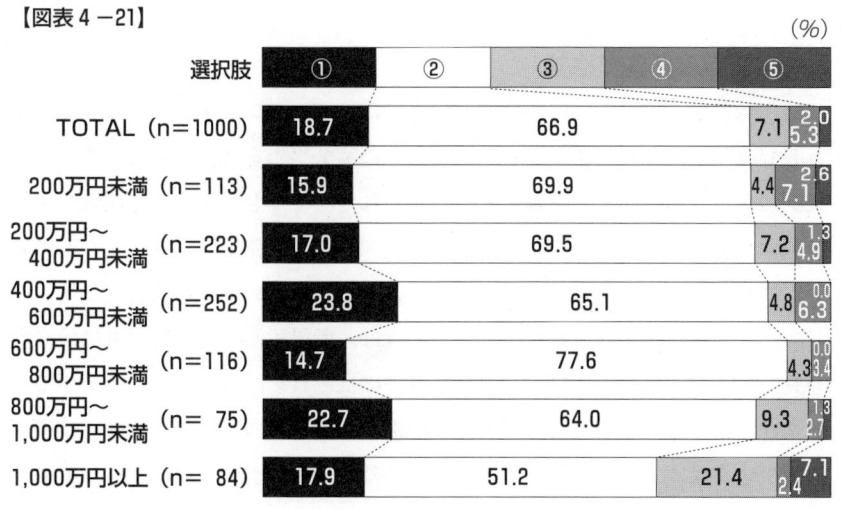

【図表4－21】
(%)

選択肢	①	②	③	④	⑤
TOTAL (n=1000)	18.7	66.9	7.1	5.3	2.0
200万円未満 (n=113)	15.9	69.9	4.4	7.1	2.6
200万円〜400万円未満 (n=223)	17.0	69.5	7.2	4.9	1.3
400万円〜600万円未満 (n=252)	23.8	65.1	4.8	6.3	0.0
600万円〜800万円未満 (n=116)	14.7	77.6	4.3	3.4	0.0
800万円〜1,000万円未満 (n=75)	22.7	64.0	9.3	2.7	1.3
1,000万円以上 (n=84)	17.9	51.2	21.4	2.4	7.1

P＝0.000***　世帯収入の不明分（n＝137）は，除外して計算。

（注）「世帯収入」の意味：第3章【図表3－18】の（注）参照。

　世帯収入が1,000万円以上の区分では，全般的増税の③の割合が21.4％と他より高いが，高所得者層重点増税の②が51.2％もいる点は興味深い。

二　職業別分析

　有意差なし（P＝0.130）。

第2編　実　証　編

ホ　社会モデル別分析

【図表4-22】

選択肢	①	②	③	④	⑤
TOTAL (n=1000)	18.7	66.9	7.1	5.3	2.0
A (n=150)	22.0	58.0	10.0	9.3	0.7
B (n=481)	19.3	65.7	8.3	4.6	2.1
C (n=332)	16.3	74.1	4.5	3.9	1.2

P=0.009**（D：その他を除く）

2　所得の捕捉率格差

　昭和62年から平成元年にかけて，国会では，クロヨンやトーゴーサンの問題として取り上げられ，サラリーマンの税への不公平感を解消するなどのために，税制の抜本改革に向けた議論が盛んに行われた。そうした議論に先駆けて，所得税法の規定が給与所得者に不利であり，日本国憲法14条1項（法の下の平等）に違反することを理由に課税処分の取り消しを求めて争った有名な訴訟として，大島訴訟がある。原告の主張の論点は，所得税法が事業所得者には必要経費の控除を認めるのに対し，給与所得者にはそれを認めないのは不公平であること，給与所得と他の所得で所得の捕捉率に格差があり，給与所得者は不利益な扱いを受けていること，他の所得者には各種の特別措置が設けられており給与所得者は不公平な税負担を負っていることであった。

　最高裁判所判決昭和60年3月27日大法廷判決[13]は，原告の上告を棄却した。この判決によって，所得税法の給与所得に関する規定は，憲法14条1項に反しないとされたが，サラリーマンの税への不公平感を解消するために，昭和62年の所得税法改正によって，特定支出控除（所得税法57条の2①）の規定が設けられた。

---

13)　最（大）判昭和60年3月27日最高裁判所民事判例集39巻2号247頁。

第4章 消費税，所得税，法人税に関する意識の調査結果

担税力が同等の人々は等しく税を負担すべきであるということを水平的公平というが，これに関する人々の意識に着目してみたい。たとえば，給与所得者と事業所得者との間の所得の捕捉率に差があると，水平的公平を害することになるが，この点について人々の意識を調査するために，次の質問をした。

(問22)「サラリーマンは，源泉徴収によって受け取った給与に対して所得税が天引きされるのに対して，自営業者などは自分で所得を計算して申告することになっているが，必ずしも正しく申告しているとは限らないので，不公平だ」という意見について，どう思いますか。(回答は一つ)

① 不公平だと思う。
② どちらかといえば，不公平だと思う。
③ どちらかといえば，不公平とは思わない。
④ 不公平とは思わない。
⑤ その他（　　　　　）

イ　年齢階級別分析

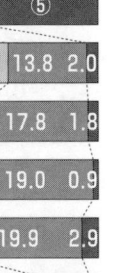

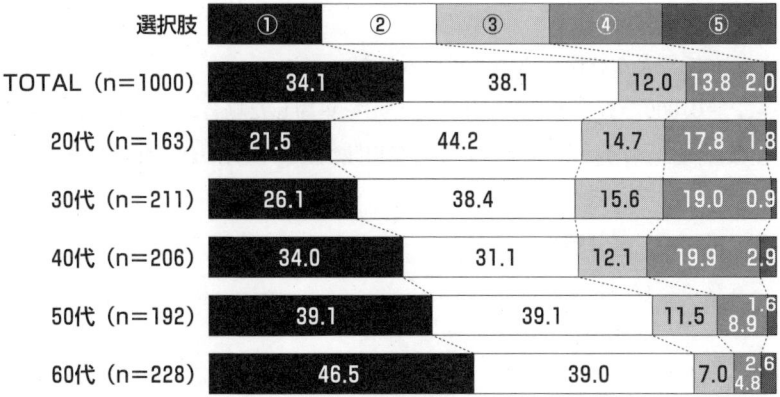

【図表4－23】(%)

選択肢	①	②	③	④	⑤
TOTAL (n=1000)	34.1	38.1	12.0	13.8	2.0
20代 (n=163)	21.5	44.2	14.7	17.8	1.8
30代 (n=211)	26.1	38.4	15.6	19.0	0.9
40代 (n=206)	34.0	31.1	12.1	19.9	2.9
50代 (n=192)	39.1	39.1	11.5	8.9	1.6
60代 (n=228)	46.5	39.0	7.0	4.8	2.6

P＝0.000***　（①と②，③と④を集約した場合 P＝0.000***）

第2編　実　証　編

年齢階級が上がるにつれて，明確な不公平感を抱いている①の割合が高くなる。

現在の50代と60代がそれぞれ20代後半，30代後半であった頃に当たる昭和62年から昭和63年にかけて，抜本的な税制改革が行われた。当時，個人所得課税の累進度がかなり強く，負担の累増感が高まっていた。また，給与所得や事業所得など所得の種類間における捕捉のアンバランスが指摘されていたこともあり，税負担の水平的公平の確保に対する関心が高まっていた。所得税の負担が過重になって勤労意欲・事業意欲を阻害することのないよう大幅な負担軽減を図るため，税率構造の累進緩和・簡素化や各種控除の見直しが行われた。こうした時代を生きてきた50代と60代は，現在の若い世代と比べて，租税負担の水平的公平に対しては比較的敏感なのかもしれない。この世代は，横並びの公平感を是とする価値観を持つ人々が多いのかもしれない。

第3章（問13）の回答結果にあるように，60代は「適正・公平な課税を実現するためには，税務署や国税局の職員数を増やしてでも，税務調査の頻度をもっと引き上げるべきだ」という意見を支持する者が49.1％（全体35.3％）と，他の年齢階級と比べて高い。これは，60代の水平的公平に関する意識と関係しているものと考えられる。

ロ　男女別分析

男女で顕著な特徴の違いは認められない。

$P=0.009$ であるが，①と②，③と④を集約した場合，$P=0.139$。なお，女性は，「どちらかといえば……」の選択肢②と③に引かれる傾向にある。

ハ　世帯収入区分別

有意差なし（$P=0.194$）。

第4章　消費税，所得税，法人税に関する意識の調査結果

二　職業別分析

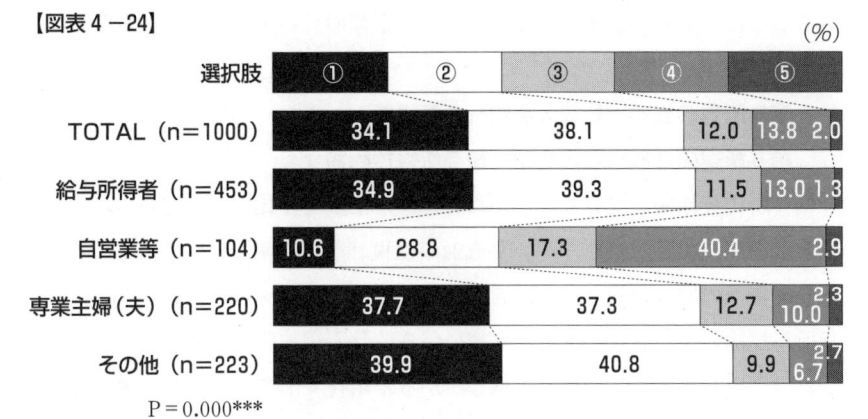

【図表4－24】
(%)

選択肢	①	②	③	④	⑤
TOTAL (n=1000)	34.1	38.1	12.0	13.8	2.0
給与所得者 (n=453)	34.9	39.3	11.5	13.0	1.3
自営業等 (n=104)	10.6	28.8	17.3	40.4	2.9
専業主婦(夫) (n=220)	37.7	37.3	12.7	10.0	2.3
その他 (n=223)	39.9	40.8	9.9	6.7	2.7

P = 0.000***

（注）「職業別」の意味：第3章【図表3－7】の（注）参照。

　平均から大きくずれている自営業等に着目してみたい。不公平とは思わないという③と④の合計は57.7%である。適正申告をしている自営業等の立場からすれば，質問文にあるような意見は不当な評価ということになる。一方，不公平と思う①と②の合計は39.4%となっている。

ホ　社会モデル別分析

　有意差なし（P = 0.776）。

3　給与所得控除

　上記2で示したように，給与所得と事業所得の捕捉率格差の問題については，給与所得者や専業主婦（夫）などの約7割が，何らかの不公平感を抱いている。その問題は，過去に国会等で大きく取り上げられたこともあり，60代を中心に明確な不公平感を示す層が見られた。このように，所得の種類の違いによる捕捉率格差という執行上の問題に対しては，人々の関心度は高い。給与所得者は事業所得者よりも不利益を受けていると感じている人もいる。それでは，給与所得金額と事業所得金額の計算方式における差異については，人々はどの程度

第2編　実　証　編

の認識を持っているのであろうか。

　ここでは，次の事業所得金額と給与所得金額の計算方式の違いに着目してみたい。

　　事業所得の金額＝総収入金額－必要経費

　　給与所得の金額＝収入金額－給与所得控除額

　給与所得控除額については，かねてより，上限なく比例的に認められている点などが問題視されていた[14]。平成24年度税制改正大綱では，格差是正と所得再分配機能の回復の観点から，過大となっている控除を適正化するために，給与所得控除の上限設定，役員給与等に係る給与所得控除の見直しが行われた。これは平成23年度税制改正で実現しなかった項目である。その改正理由は[15]，給与所得控除は，就業者に占める給与所得者の割合が約9割となっている現状で，「他の所得との負担調整」を認める必要性は薄れてきていること，また，マクロ的に見ると，給与収入総額の3割程度が控除されている一方，給与所得者の必要経費ではないかと指摘される支出は給与収入の約6％であるとの試算もあり，主要国との比較においても全体的に高い水準となっていたからである。給与所得金額の計算に関する意識を調査するために，次の質問をした。

> **（問23）**　「サラリーマンは，職務の遂行に必要な経費はほとんど勤務先が負担してくれるにもかかわらず，所得税の計算では，給与所得控除の適用が一律に認められており，自営業者などの事業所得の計算よりも優遇されているので，不公平だ」という意見について，どう思いますか。（回答は一つ）

---

14)　たとえば，日本税理士会連合会「平成22年度・税制改正に関する建議書」（平成21年6月25日）3頁には，「現在の給与所得控除額は上限なく比例的に認められているが，一定以上の高額な給与収入の場合，限界的に増加した部分の収入について経費が比例的に増加するとは必ずしも言えず，実態を反映しているとは考えられない。したがって，一定額以上の高額な給与収入については，給与所得控除額に限度額を定めるべきである。」とある。

15)　平成23年度税制改正大綱（平成22年12月16日）43頁。

第4章 消費税, 所得税, 法人税に関する意識の調査結果

① 不公平だと思う。
② どちらかといえば, 不公平だと思う。
③ どちらかといえば, 不公平とは思わない。
④ 不公平とは思わない。
⑤ その他（　　　　　　）

全体では,「不公平とは思わない」が56.8%（③＋④）と,「不公平と思う」の40.7%（①＋②）を上回っており, 上記2の場合とは対照的な結果となった。

制度自体に不公平性や不合理性が客観的に存在していても, そのように納税者が感じるかどうかは別問題である。正確な情報がいかに周知されているかにより, 不公平感等の感じ方も変わる。（問23）の質問文には, 税制改正大綱の「給与収入総額の3割程度が控除されている一方, 給与所得者の必要経費ではないかと指摘される支出は給与収入の約6%である……」という説明は加えなかったこともあり, 給与所得控除について不公平とは思わないとの回答の方が多かった。また, この種の情報は一般には知られていないために,（問22）の回答結果で見たように, 概して, 給与所得者は事業所得者と比べて不利な扱いを受けていると信じている人が多いと推測される。

イ 年齢階級別分析

有意差なし（$P = 0.113$）。上記2では, 50代, 60代に特徴的な傾向が見られたが, ここでは特徴的な傾向は見られなかった。

ロ 男女別分析

特徴的な違いは見られない（$P = 0.038$であるが, ①と②, ③と④を集約した場合, $P = 0.596$）。

第２編　実　証　編

八　世帯収入区分別分析

【図表４−２５】

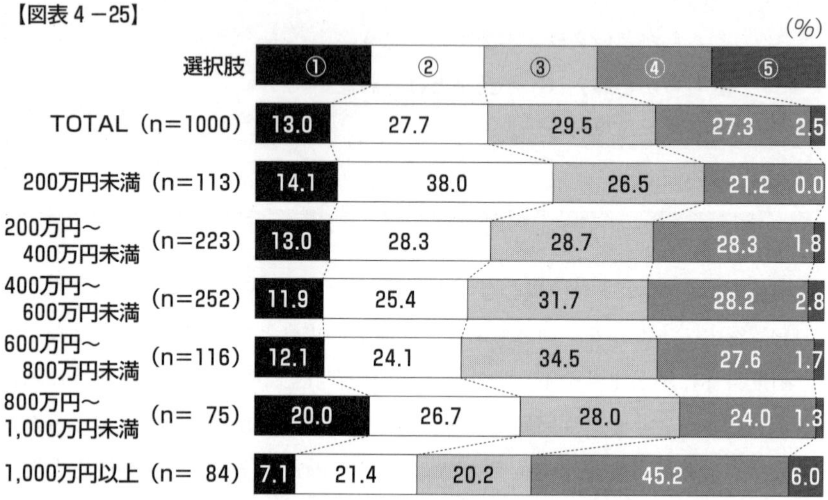

(％)

選択肢	①	②	③	④	⑤
TOTAL（n=1000）	13.0	27.7	29.5	27.3	2.5
200万円未満（n=113）	14.1	38.0	26.5	21.2	0.0
200万円〜400万円未満（n=223）	13.0	28.3	28.7	28.3	1.8
400万円〜600万円未満（n=252）	11.9	25.4	31.7	28.2	2.8
600万円〜800万円未満（n=116）	12.1	24.1	34.5	27.6	1.7
800万円〜1,000万円未満（n=75）	20.0	26.7	28.0	24.0	1.3
1,000万円以上（n=84）	7.1	21.4	20.2	45.2	6.0

P＝0.012＊　世帯収入の不明分（n＝137）は，除外して計算。

（注）「世帯収入」の意味：第３章【図表３−１８】の（注）参照。

　世帯収入1,000万円以上は，給与所得控除について不公平とは思わないの④が45.2％と際立って高い。この層の職業を見ると，給与所得者が63.2％（平均45.3％），専業主婦（夫）が28.9％（平均22.0％）を占めている。

第4章　消費税，所得税，法人税に関する意識の調査結果

二　職業別分析

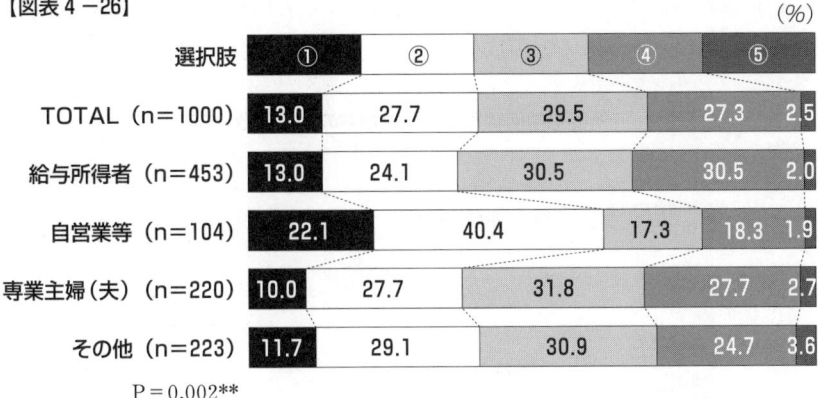

【図表4−26】
(%)

選択肢	①	②	③	④	⑤
TOTAL (n=1000)	13.0	27.7	29.5	27.3	2.5
給与所得者 (n=453)	13.0	24.1	30.5	30.5	2.0
自営業等 (n=104)	22.1	40.4	17.3	18.3	1.9
専業主婦(夫) (n=220)	10.0	27.7	31.8	27.7	2.7
その他 (n=223)	11.7	29.1	30.9	24.7	3.6

P＝0.002**

（注）「職業別」の意味：第3章【図表3−7】の（注）参照。

上記（2）の場合とは対照的に，自営業者等が不公平感を抱いている割合が62.5%（①＋②）と高い。

ホ　社会モデル別分析

有意差なし（P＝0.193）。

第5節　社会的亀裂を生む人々の意識

　所得税は，バブル崩壊後の累次にわたる減税措置によって，財源調達機能と所得再分配機能が低下した。このような状況に対して，本調査の結果（問21参照）では，高所得者層重点増税を支持する人々が66.9%を占めている。

　日本が，今後，どのような社会システムを築いていくのかにもよるが，消費税の税率引上げは検討されているものの，所得税については，高所得者層の課税強化だけでよいのであろうか。中低所得者層も対象に含めた見直しの余地はないのであろうか。

　以下に示した厚生労働省「平成22年国民生活基礎調査の概況」の平成22年分「所得金額階級別世帯数の相対度数分布」によれば，所得金額が世帯全体の平

第2編　実　証　編

均額（549万6千円）より低い世帯の割合は全体の61.4%である。1千万円未満の世帯の割合は全体の88%である。一方，1千万円〜2千万円未満の世帯は全体の12%，また，2千万円以上の世帯は全体の1.2%にすぎない。

所得金額階級別に見た世帯数の相対度数分布

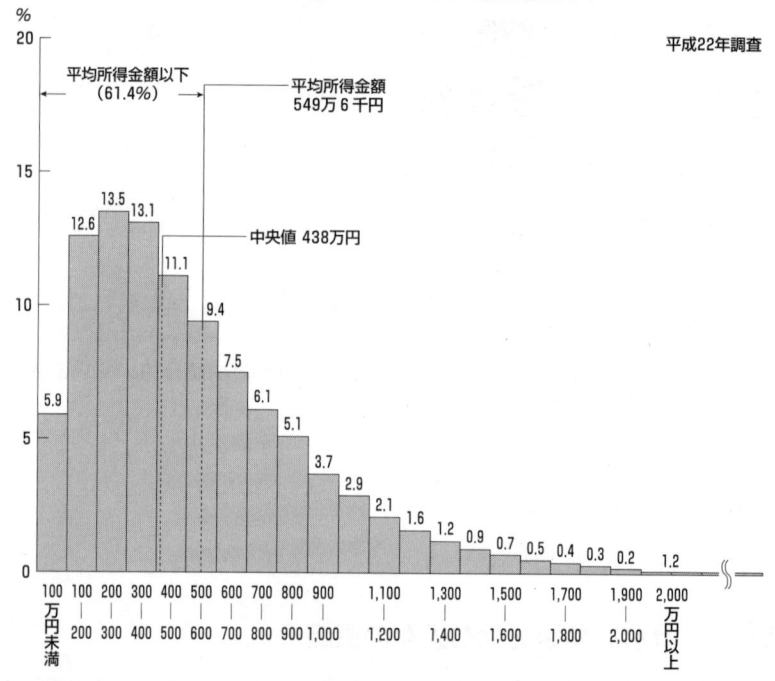

平成22年調査

階級（万円）	%
100万円未満	5.9
100〜200	12.6
200〜300	13.5
300〜400	13.1
400〜500	11.1
500〜600	9.4
600〜700	7.5
700〜800	6.1
800〜900	5.1
900〜1,000	3.7
1,000〜1,100	2.9
1,100〜1,200	2.1
1,200〜1,300	1.6
1,300〜1,400	1.2
1,400〜1,500	0.9
1,500〜1,600	0.7
1,600〜1,700	0.5
1,700〜1,800	0.4
1,800〜1,900	0.3
1,900〜2,000	0.2
2,000万円以上	1.2

平均所得金額以下（61.4%）
平均所得金額 549万6千円
中央値 438万円

用語の説明

「所得の種類」は，次の分類による。
（1）稼　働　所　得
　　雇用者所得，事業所得，農耕・畜産所得，家内労働所得をいう。
　ア　雇用者所得
　　世帯員が勤め先から支払いを受けた給料・賃金・賞与の合計金額をいい，税金や社会保険料を含む。
　　なお，給料などの支払いに代えて行われた現物支給（有価証券や食事の支給など）は時価で見積もった額に換算して含めた。
　イ　事　業　所　得
　　世帯員が事業（農耕・畜産事業を除く。）によって得た収入から仕入原価や必

第 4 章 消費税，所得税，法人税に関する意識の調査結果

> 要経費（税金，社会保険料を除く。以下同じ。）を差し引いた金額をいう。
> 　ウ　農耕・畜産所得
> 　　世帯員が農耕・畜産事業によって得た収入から仕入原価や必要経費を差し引いた金額をいう。
> 　エ　家内労働所得
> 　　世帯員が家庭内労働によって得た収入から必要経費を差し引いた金額をいう。
> （2）公的年金・恩給
> 　　世帯員が年金・恩給の各制度から支給された年金額（二つ以上の制度から受給している場合は，その合計金額）をいう。
>
> （以下，省略）

（出所）　厚生労働省　平成22年国民生活基礎調査の概況。

　第4節（問21）の中で示した財務省の資料によれば，給与収入1,000万円以下では，個人所得課税の実効税率は，先進主要国のそれと比較して低い位置にある。納税者の大部分を占めるのが，これらの中・低所得者層である。一方，高所得者層に適用される所得税の実効税率は，付加価値税を財源の中心に置いているフランスと同水準であり，日本の高所得者層の負担余力はまだありそうである。ただし，高所得者層は全体のごく一部を占めているにすぎない。

　所得税収入は，平成3年度の26.7兆円をピークに，バブル崩壊後の景気低迷と累次にわたる減税措置によって減少傾向を辿り，平成23年度では13.5兆円となった。所得税の減税措置は，消費税の導入・引上げを受け入れてもらうために必要だった面もあるが，元々諸外国に比べ税負担が低い中で行われており，減税をしすぎているという見方もある[16]。

　社会保障と税の一体改革において消費税の負担の在り方が注目されているが，所得税の負担は今後どうあるべきであろうか。所得格差が拡大する中で，高所得者層への重点増税を支持する人々は多い。そのような声を反映してか，平成24年度税制改正大綱では，給与収入が1,500万円を超える場合の給与所得控除額については，245万円の上限を設けることとされた。しかし，全体のごく一

---

[16] 専門家委員会委員長　神野直彦「議論の中間的な整理」（平成22年6月22日）4頁。

部を占めるにすぎない高所得者層に対して，この種の課税強化によって，どれだけの税収増がもたらされるのであろうか。

　高齢化社会が進展する中で，負担が働き手世代の勤労所得に偏ることは避ける必要があるが，所得・消費・資産等のバランスの取れた税体系を目指していく上で，大多数を占める中低所得者の所得税の負担は，現状のままでよいのであろうか。持続可能な社会の必要財源として，消費税の税率引上げだけで足りないのであるとすれば，どのようにして所得税の負担を分かち合っていくべきなのか。どの所得階層にどれだけの負担を求めるとどれだけの税収増がもたらされるのかなどに関して，当局が国民にさらにわかりやすいデータを提供し，国民の判断に資するようにしていただくことを期待したい。もっとも，その前提として，社会システムの在り方を示さなければならない。

　（問21）の調査結果によれば，高所得者層重点増税を支持する人々は66.9%と多い。所得格差のように分かりやすい金額的格差に対しては，敏感な反応を示す人々は多いようである。しかし，所得には不労所得もあれば，勤労所得もある。高所得者層が高額な勤労所得を得るまでのプロセス，すなわち，そこに至るまでに費やしてきた時間やコスト，精神的・肉体的苦労，抱えている経済的リスクなどは考慮されないまま，所得格差の是正が主張されることが多いのではないだろうか。

　ここで高所得者層の意識に着目してみたい。本調査では，（問3）子育て支援に関する質問と（問5）失業・貧困対策に関する質問を行っているが，世帯年収1,000万円以上の高所得者層（n＝84）だけに絞ると，その回答結果は，「できるだけ自助努力で行うべきであり，政府や社会的支援に頼るべきではない」という選択肢を選んだ割合は，（問3）で40.5%（全体平均32.2%），（問5）で31.0%（全体平均21.8%）であり，全体平均と比べて高い。一方，高所得者層が税金を財源として公的支援を行うべきだとする公助型の選択肢を選んだ割合は，（問3）で14.3%（全体平均24.4%），（問5）で28.6%（全体平均47.4%）であり，全体平均と比べて低い。

第4章 消費税，所得税，法人税に関する意識の調査結果

　結果平等主義的な発想で累進課税を強化し，ごく一部の高所得者層へ過重な負担をかけると，その事業意欲の喪失や才能・技術の海外流出を招くことになりかねないし，また，租税回避行動や資本の海外逃避を誘発させ，結果として税収減となる可能性を高める。自らリスクをとって，起業する人々がいるからこそ，国内に新たな雇用の機会が生まれることを忘れてはならない。また，高所得者層への重点増税だけで，問題解決を図ろうとすれば，大多数の人々の無関心や依存心を強めることになりかねない。

　大多数を占める中・低所得者層の人々は，扶養親族を抱えながら慎ましやかな生活を送っている。そして，今，元気に働いている人々も，いつかは老いて働くことができなくなる。また，病気や事故により休職や失業をすることもある。その人の頑張りだけでは，どうしようもできないときもある。社会保障制度は，こうした中・低所得者層のためにこそ必要な制度である。そこで，同じような生活水準にある大多数の人々は，世代間又は世代内で相互に支え合うことが必要となる。これが自立した心を持った大多数の人々による相互扶助の姿であり，協力社会の形である。しかし，（問21）の結果を見る限りでは，高所得者層重点増税を支持する者の割合が66.9％と高いことから，現状の意識のままでは，そのような社会の実現は難しいのではないかと考えられる。

　それでは，人々が所得税等の負担を分かち合うことをはばむ心的要因は何であろうか。本調査の結果によれば，（問6）「日本人が増税を受け入れるにあたり，大きな障害となるものは何か」という質問に対して，「政治に対する不信感」と回答した者がもっとも多く全体の69.5％もいた。財政赤字の原因を政治不信の問題に帰着させているような感もある。確かに，政治不信の問題もあるが，その背景には国民同士の信頼感の欠如があるのではないだろうか。

　高所得者層重点増税を支持する者の割合が66.9％と高く，大多数を占める中・低所得者の人々は，世代間又は世代内で相互に支え合う意識が希薄となっている。現行の社会保障制度は，受益と負担を巡る極端な世代間格差，既得権への固執，不正受給などによって，その信頼性が揺らいでいる。社会保障制度への不信は，国民同士の信頼感の欠如から生まれている。世代間又は世代内で

第2編　実　証　編

　相互に支え合うことを忌避する人々が増えると，社会的亀裂が生じる。その根底にある人々の意識について，もう少し掘り下げて考えてみたい。
　長期にわたる景気低迷の中で，人々の間の経済格差が拡大してきた。格差社会を特徴づけるものとして，失業，ニート，フリーター，非正規雇用，ワーキング・プア，地域格差などがあり，これらの言葉はマス・メディアに頻繁に登場し，特に貧困層などの境遇や心境などが報じられ，注目される傾向にある。その中には，こうした世間の雰囲気に便乗し，弱者を装って，自己の利益を追求するために，行政，医療，教育などの分野の機関に対して一方的に要求をする人々も存在する。
　このような状況の中で，格差を是正し，協力社会の実現を目指そうとするのであれば，日々の暮らしを何とか維持するために懸命に働いて収入を確保し，その上できちんと税金や社会保険料を納め，社会保障や教育等の諸制度を支えている多くの人々の感情にこそもっと目を向けていくべきではないだろうか。
　現役世代の人々の中には，経済環境が厳しくなる中で，人員削減等により仕事量が増加し，我慢を重ねながら，気持ちが擦り切れながらも働き続けている者も多いであろう。バッシングの対象となりやすい公務員の中にも，そのような人々が多く存在するであろう。そして，メディア等で，失業，格差，貧困，高齢化の問題が取り上げられても，それらに目を向ける心のゆとりがなくなっている者も多いのかもしれない。自分自身や家族の生活の糧は何とか確保することができても，様々な事情で生活に困窮している人々に対してまで，思いやりの心を表現することができにくい環境になっているのではないだろうか。
　自助の精神を基本としつつも，生活に本当に困ったときには公的援助を求めることが許されるような社会が望ましい。そのような制度を持続可能にするためには，制度を支えている多くの人々の相互の「気持ち」を理解し合える環境を整えていく必要がある。
　公的支援の受給者やそれを求める人々は，その財源が真面目に働き税金等を納めている多くの人々の「心の摩耗」[17]の上に支えられていることをよく理解する必要がある。そのために，国のトップをはじめ行政のしかるべき立場の者

は，納税等の義務を履行することは当然のことというよりは，人助けにつながる尊い行為なのだ（尊大になることではない）ということを，折に触れ，明示的にアナウンスしてあげることが必要である。

政治家の中には，予算を獲得し国民全体にバラ撒いたり，特定の業界団体の物的利益のために行動することが本来の仕事だと思っている者もいる。また，受給者の意識に傾注し，税金等の負担者の意識を軽視しているところがあるのではないか。負担者に配慮した政策であっても，「減税」を主張するくらいでは中味がない。税金を負担することの積極的意義をわかりやすい言葉で，折に触れ，国民に直接伝えてほしい。そうした行為の積み重ねによって，政治や行政に関与する者への見方も少しずつ変わってくるのかもしれない。

権力の中枢にいる人々は，カネやモノの物的分配をするだけではなく，負担者と受給者相互の「気持ち」の橋渡し（媒体）の役割をもっと担うべきではないだろうか。カネやモノの分配に関わって権力を掌握・維持しようとしても，それを取り巻く特定少数の人々の支持しか得られないし，世の中の人々の意識の亀裂は埋められない。一方，国民全体の「気持ち」の橋渡しをして汗を流す者は，無党派層を含め，より多くの人々の尊敬と支持を集めることになるかもしれない。また，そのためには，マス・メディアの役割も重要であろう。

第6節　高福祉・高負担社会の支持派の意識

本調査では，日本が将来目指すべき社会のイメージについて質問をした（第3章第3節（問1））。その選択肢の一つに「全国民を対象として福祉を充実させ，国民がそれに見合った税金や社会保険料を負担し，国や地方の政府が中心となってそれらの業務を遂行するような社会（高福祉・高負担の社会）」というものがある。下線部分を明示したのは，高福祉は高負担の裏付けが必要であ

---

17)　「その財源が真面目に働き税金等を納めている多くの人々の「心の摩耗」の上に支えられている」という表現は，武富健治原作のコミック（2006〜2011）『鈴木先生』双葉社・第5巻，テレビ東京ドラマ・第7回放映（丸山康子の物語）を参考にした。これは，租税教育の在り方を考える上でも参考にした。

ることを認識してもらうためであった。

さらに，高福祉・高負担社会を支持する者の意識について分析を行った。「高福祉・高負担社会」支持派（33.2％，n＝332）の負担意識を整理したものが，【図表4－27】である。

【図表4－27】

質問	(問16) 消費税の税率引上げ賛否如何 n＝332			(問17) 消費税率の引上げ水準如何 n＝265（反対派を除く）		
選択肢	①②③ 容認派	④ **反対派**	⑤ その他	① 税率20％	② **税率10％**	③ その他
度数	253	**67**	12	76	**170**	19
構成比（％）	76.2	**20.2**	3.6	28.7	**64.2**	7.2

質問	(問21) 所得税の課税の在り方如何 n＝332				
選択肢	① 現状維持	②**高所得者** **負担増**	③全般的 負担増	④ **減税**	⑤ その他
度数（n）	54	**246**	15	**13**	4
構成比（％）	16.3	**74.1**	4.5	**3.9**	1.2

本調査によれば，政府が中心的役割を担う高福祉・高負担社会を支持する者は全体の33.2％であった。高福祉・高負担社会支持派であっても，消費税率の引上げに反対する者が20.2％（全体平均27.4％）もいるし，引上げを受け入れるとしても，消費税率10％までが64.2％（全体平均66.5％）を占めている。また，所得税については，高所得者層に負担増を求める者が74.1％（全体平均66.9％）を占めている。さらに，所得税の減税を求める者も僅かながらいる。

北欧の高福祉・高負担社会では，付加価値税や所得税の負担を国民に広く求めた上で，所得再分配の充実を図る政策をとっているが，本調査での高福祉・高負担社会支持派の多数意見は，高所得者層への重点課税を期待するものであり，北欧社会のそれとは程遠いものである。また，伝統的な企業中心の共助型

社会や地域のコミュニティーなどの民間主導の共助型社会を希望する人々の租税負担意識は，高福祉・高負担社会支持派のそれよりもさらに低くなる。

第7節　法人税に関する意識

【図表4-12】で見たように，法人税は景気変動に左右されやすく，安定財源として期待することは難しい。また，財源確保のために法人税を増税すれば，企業は研究・開発費や販売・管理費の予算を削減するなどにより，利益の獲得過程に悪影響を与え，企業の国際競争力の低下を招くことになる。

先進諸外国は，企業の国際競争力を高めることを国家戦略として位置づけ，法人税改革に積極的に取り組んでいる[18]。こうした状況の中で，日本の国税と地方税を合わせた企業の実質的な税負担である実効税率は世界最高水準であり，企業の国際競争力を削ぐ一因と指摘されている。2011年度の税制改正法案は，法人実効税率を現在の40.69％から約5％引き下げるとしていた。しかし，東日本大震災からの復興のため政府税制調査会が固めた臨時増税案が検討されている。政府税調案では，2011年度税制改正で予定していた年7,800億円の減税を3年間先送りし，約2兆4千億円を捻出するというものである。同改正は法人税率引下げによる減税と減価償却制度の見直し等による増税を同時に行う内容だったが，税率の下げ幅を小さくして増減税を同じにするというものである。

一般の人々にとって，法人税は消費税や所得税などと比べると，日常生活において馴染みの薄いものである。法人税の法律上の納税義務者は法人であるが，その実質的な負担は，生産・販売活動，賃金，利潤の分配などを通じて，株主，従業員，消費者などへ転嫁する。法人税は，一般の人々にとっては，目に見えない税金であり，直接的な負担感はない。また，会社経営者は，法人税への関心は比較的高いと思われるが，法人税を申告している黒字法人の割合は，全体の25.5％にすぎない[19]。

---

18) 日経ビジネス（2011.2.28）33頁「特集　法人税負担ランキング」。
19) 国税庁「平成21事務年度における法人税の申告事績の概要」によれば，法人数は2,998千法人，そのうち申告件数は2,786千件であり，その黒字申告割合は25.5％と

第2編　実　証　編

　本調査によれば，将来社会のイメージとして，伝統的な企業中心の共助型社会を望む人々が48.1％もいる。従業員の生活保障のためのリスク・シェルターとしての機能を企業に持たせることは，その国際競争力に影響を与えることになるのであるが，企業に期待を寄せる人々は多い。法人税の負担について，人々はどのように考えているのかを調査するために，次の質問をした。

（問24）「法人が得た所得に課される法人税の税率は，他の先進諸国と比較して高いので，法人の国際競争力を強化するために減税すべきである」という意見についてどう思いますか（下記グラフ参照）。
　　　　（回答は一つ）
① そう思う。
② そうは思わない。
③ 現状のままでよい。
④ その他（　　　　　）

なっている。

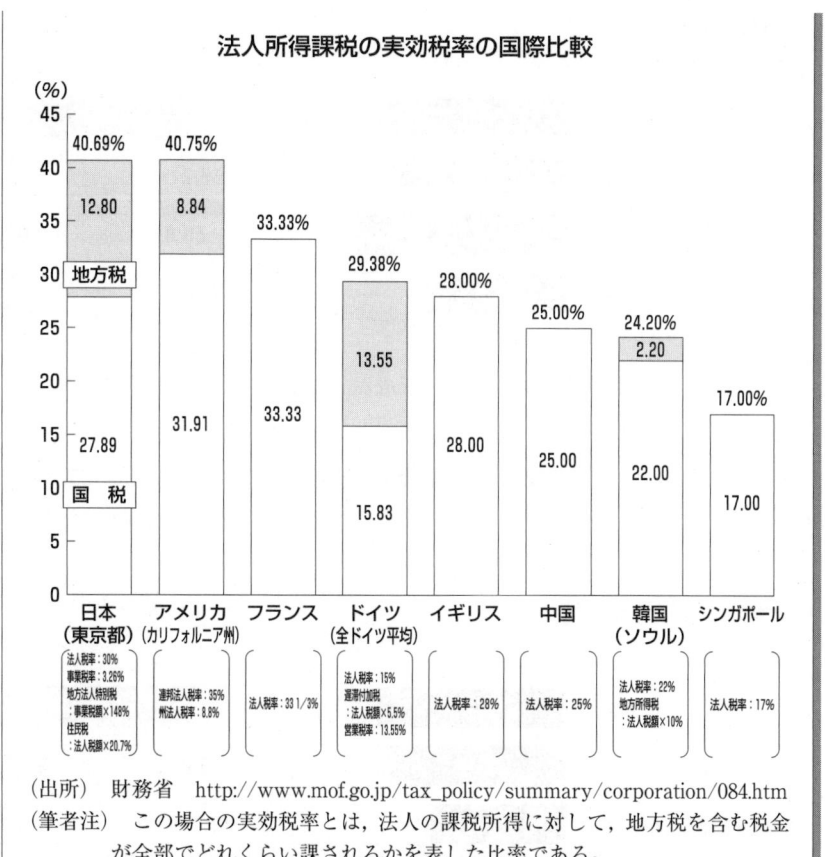

第 4 章　消費税，所得税，法人税に関する意識の調査結果

法人所得課税の実効税率の国際比較

国	合計	国税	地方税	備考
日本（東京都）	40.69%	27.89	12.80	法人税率：30%／事業税率：3.26%／地方法人特別税：事業税額×148%／住民税：法人税額×20.7%
アメリカ（カリフォルニア州）	40.75%	31.91	8.84	連邦法人税率：35%／州法人税率：8.8%
フランス	33.33%	33.33		法人税率：33 1/3%
ドイツ（全ドイツ平均）	29.38%	15.83	13.55	法人税率：15%／連帯付加税：法人税額×5.5%／営業税率：13.55%
イギリス	28.00%	28.00		法人税率：28%
中国	25.00%	25.00		法人税率：25%
韓国（ソウル）	24.20%	22.00	2.20	法人税率：22%／地方所得税：法人税額×10%
シンガポール	17.00%	17.00		法人税率：17%

（出所）　財務省　http://www.mof.go.jp/tax_policy/summary/corporation/084.htm
（筆者注）　この場合の実効税率とは，法人の課税所得に対して，地方税を含む税金が全部でどれくらい課されるかを表した比率である。

　この質問の選択肢のうち，「②そうは思わない」は「③現状のままでよい」を含む表現となっているので，②と③を集約した。

イ　年齢階級別分析

　有意差なし（P = 0.802）。

第2編　実　証　編

ロ　男女別分析

【図表4-28】

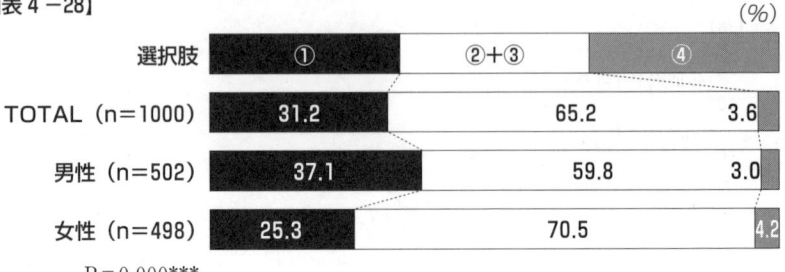

(%)

選択肢	①	②+③	④
TOTAL（n=1000）	31.2	65.2	3.6
男性（n=502）	37.1	59.8	3.0
女性（n=498）	25.3	70.5	4.2

P=0.000***

　全体では，法人税の減税について，賛成派①は31.2％，非賛成派65.2％（＝②30.7％＋③34.5％）となっている。

　男女別に見ると，減税賛成の①の割合は，男性（37.1％）が女性（25.3％）を上回る。

ハ　世帯収入区分別分析

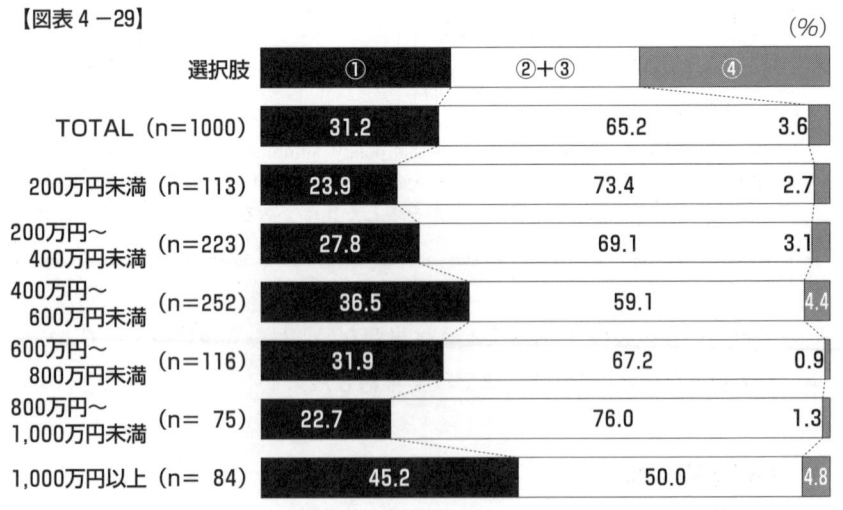

【図表4-29】

(%)

選択肢	①	②+③	④
TOTAL（n=1000）	31.2	65.2	3.6
200万円未満（n=113）	23.9	73.4	2.7
200万円～400万円未満（n=223）	27.8	69.1	3.1
400万円～600万円未満（n=252）	36.5	59.1	4.4
600万円～800万円未満（n=116）	31.9	67.2	0.9
800万円～1,000万円未満（n=75）	22.7	76.0	1.3
1,000万円以上（n=84）	45.2	50.0	4.8

P=0.007**　世帯収入の不明分（n=137）は，除外して計算。

（注）「世帯収入」の意味：第3章【図表3-18】の（注）参照。

第4章 消費税，所得税，法人税に関する意識の調査結果

世帯収入1,000万円以上では，減税賛成の①の割合が45.2％と他よりも高い。この層の職業を見ると，給与所得者が68.4％（平均45.3％）を占めている。おそらく，会社の経営者や幹部として，法人税減税に賛成していると推測される。

一方，収入区分が隣接する世帯年収800万円～1,000万円未満では，減税賛成の①の割合が22.7％と他よりも低い。この理由は，不明である。

二　職業別分析

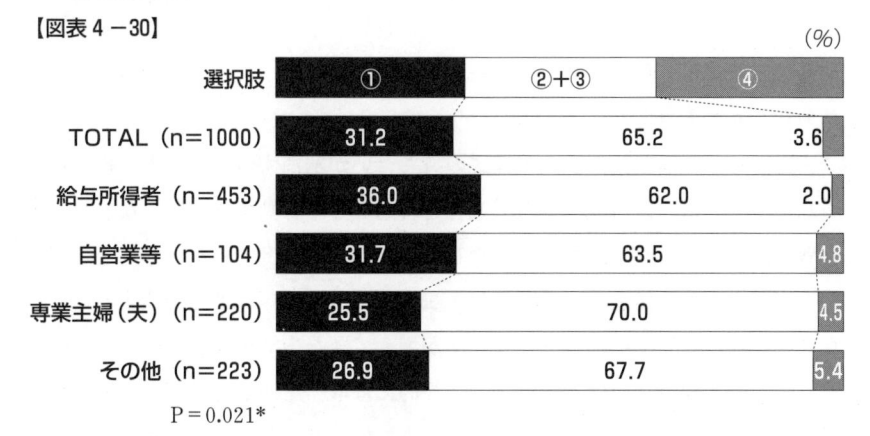

【図表4－30】

(%)

選択肢	①	②+③	④
TOTAL (n=1000)	31.2	65.2	3.6
給与所得者 (n=453)	36.0	62.0	2.0
自営業等 (n=104)	31.7	63.5	4.8
専業主婦（夫）(n=220)	25.5	70.0	4.5
その他 (n=223)	26.9	67.7	5.4

P＝0.021*

（注）「職業別」の意味：第3章【図表3－7】の（注）参照。

給与所得者は，減税賛成の①の割合が36.0％と他よりも高い。

専業主婦（夫）は，減税賛成の①の割合が25.5％と他よりも高い。これは，上記ロの女性の回答結果と関連している。

ホ　社会モデル別分析

有意差なし（P＝0.230）。

日本の法人税の高負担が，国際競争の足かせになっていることが，税制改正の論議の中で指摘されて久しい。しかし，消費税や所得税の増税によって個人の負担を増やし，「なぜ企業を優遇するのか」という国民感情が根強く存在し，

第2編　実　証　編

法人実効税率引下げの壁になっていた。本調査においても，法人税の減税について，非賛成派（現状維持と反対派）は65.2％も存在する。

　日本人がこうした傾向を示すのは，日本人が，法人を疑似共同体として認識してきたことが影響していると考えられる。本調査では，将来社会のイメージとして，伝統的な企業中心の共助型社会を望む人々が48.1％もいる。かつての日本的経営の時代，法人は，株式の持ち合いにより株主権を封殺し，経営者と従業員の疑似共同体の性格を強めていた。個人は勤務先の法人に生活保障を委ねるだけでなく，税金はできるだけ法人に負担してもらい，個人に直接かかる消費税や所得税の負担は軽く抑えたいと思う。これが，日本人の納税者意識を希薄化させてきたともいえる。

　また，バブル崩壊後，法人の株式の持ち合いが解消すると，法人は株主価値を高めるために，税引後利益の最大化を目的として行動するようになった。人件費削減のために非正規雇用を増やしたことも，その例である。そうなると，法人に対する共同体意識は希薄化し，法人税の減税は，株主を優遇することになり，それに対して抵抗感を持つ人々が増えてきたのではないだろうか。

　また，法人税の負担は，理論上，最終的には取引を通じて，個人（消費者，従業員，債権者，株主等）に帰着する。誰に帰着し，どの程度の負担になるかは，その時々の経済情勢によることになる。しかし，理屈はそうであっても，人々の意識においては，法人は実在的存在に映っており，法人にはできるだけ多くの税金を負担してほしいという期待感が強いといえる。

第8節　東日本大震災の復興財源

　東日本大震災は，被災地に未曽有の被害をもたらした。その復興のためには，財源が必要となる。そこで，本調査では，次の質問をした。

> **（問25）**「東日本大震災の復興を目的とする財源として，ふさわしいものはどれだと思いますか」（いくつでも回答可）

第4章 消費税, 所得税, 法人税に関する意識の調査結果

回答結果は次のとおりである。

【図表4－31】

(単位：％)

方法	歳出削減	国債発行	所得税の増税	法人税の増税	消費税の増税	その他
n＝1000	58.7	26.8	17.1	24.5	25.0	7.9

　歳出削減を支持する者が最も多く58.7％を占めている。国債発行, 法人税の増税, 消費税の増税が, 25％前後で拮抗している。自らの懐が直接的に痛む所得税の増税を選んだ者は, 17.1％にとどまった。

　このような大震災は, 第2章でとりあげた社会的ジレンマとは次元を異にする。社会的ジレンマとは, 個々人にとって望ましい行動が, 集団全体にとっては望ましくない状況を指す。社会的ジレンマの行きつく先の一つが, 人間同士による戦争なのかもしれない。これらは, 人間の所業によって引き起こされるものであり, 因果の道理が存在する。それでは, 大地震や大津波などの自然災害の場合はどうか。それらによって, 一時の間に, 一方的に, 多くの人々の生命と生活が奪われる。政治や経済の低迷とは関係なく, 容赦なく突如襲ってくるのである。そして, 生き残った多くの人々は, 家族や住む家を失い, なす術もなく途方に暮れることになる。

　被災された人々は, 焦燥感や不安感が募り, 先のことをあまり考えることができない。そのために, 政府をはじめ周囲の人々が現実に生じている多くの問題について解決策を考えていかなければならない。大震災の復旧・復興財源も, その中の一つであり, 政府関係者が考えていかなければならない問題である。そして, 納税者意識の側面からも考えていかなければならない。

　筆者が生まれ育った新潟県も, 大地震, 水害, 雪害などの自然災害が多い所である。そのたびに, 現地では市町村の職員, 消防・自衛隊員, ボランティアなど多くの人々によって救助・救援活動, 復旧・復興活動が行われてきた。平成16年 (2004年) 10月23日にM6.8の巨大地震が新潟県中越地方を襲った直後は, 現地の人々は目前に起きた出来事を受け容れようとすることだけで精一杯であった。しかし, 時の経過とともに, 多くの支援によって復旧が進み, 災害

の爪痕が徐々に消滅していくにつれ，現地の人々はその出来事の記憶が徐々に和らいでいく。そして，受けた恩は決して忘れまいと思っても，やはりその気持ちも徐々に薄れていく。自然災害の多い日本において，人々の心の動きとリンクした再生のための論理と仕組みが必要であると考えられるが，現段階では整理できていない点が多いので，ここでの論究は控えることにしたい。

第9節　公務員の定員削減と租税負担等に関する意識

　政治学者の宮本太郎氏は，「原因が定かではない不安が拡がると，『公務員の既得権』『特権的正規社員』『怠惰な福祉受給者』等々，諸悪の根源となるスケープゴート（いけにえ）をたてる言説がはびこり，人々の間の亀裂が深まる。多様な利益を包括する新しいビジョンを提示する意欲と能力を欠いた政治家ほど，こうした言説を恃む。そして『引き下げデモクラシー』が横行する」[20]と述べている。

　宮本氏の指摘にあるようにスケープゴートをたてる言説が存在するとしても，それに同調する人もいれば，それに動ぜず冷静な見方をする人も存在する。公共サービスの担い手として公務員は欠くべからざる存在であるが，公務員に対する批判には根拠に基づく正論もあれば，偏見に近いものもある。公務員に対する人々の意識に関する調査結果は，第3章第6節（問10）において取り上げた。以下に調査結果を再掲するが，これを基に別の視点から少し掘り下げて考えてみたい。

> **（問10）**　政府は，行政のスリム化を推進するため，公務員の定員を2010年度以降の5年間で10%以上削減する計画を進めています。しかし，日本は，他の先進諸国と比べて，人口千人当たりの公務員数は少ない状況にあります。このことについてどう思いますか。

---

[20]　宮本太郎『生活保障　排除しない社会へ』221頁（岩波新書，2009）。

第4章 消費税,所得税,法人税に関する意識の調査結果

回答結果は次のとおりであった。

① 全般的に公務員の定員を一律的に削減することに賛成	41.3%
② 公務員を増やすべき官庁もある	49.0
③ 他の先進諸国並みに,公務員の定員を全般的に増やすべき	3.0
④ その他	6.7
計（n＝1000）	100.0

　公務員の定員を削減するだけでは,今後どのような社会システムを構築しようとしているのかは見えてこないのであるが,それを支持する人々（①）が41.3％存在する。一方,公務員の定員の削減計画に反対する人々（②＋③）は52.0％存在する。これらの回答は,先進諸外国と比較して,日本の公務員数の割合は低いというデータを踏まえてのものであることに注意する必要がある。

　公務員定員削減について賛成派が反対派を下回っているが,実態以上に削減賛成派が大きな存在となっているように見えることはないだろうか。不満や不信の感情をストレートに表現する人々は,たとえ少人数でも目立つことがある。そのような感情には同調しない人々のほうが多い場合であっても,傍観者となっているときが多いので,世論の声となって形成されていかない。一方,ストレートな不満や不信の感情はわかりやすいので,メディアにも乗りやすい。

　ここで,公務員定員削減の賛成派の考え方について分析してみたい。賛成派が公務員削減に対応した社会モデルを望んでいるかといえば,必ずしもそうではない。すなわち,個人の自由競争と自助を重視し,政府に頼らないような社会を必ずしも望んでいるというわけではないのである。公務員定員削減賛成派（①＝413人）とその反対派（②490人＋③30人＝520人）とで,（問1）「将来社会のイメージ」の回答結果にどのような違いがあるのかを分析した。自助型の社会を支持する割合は,公務員定員削減賛成派が17.9％であり,反対派13.7％を4.2％上回っているに過ぎない。また,他の質問についても同様の分析を行ったので,それらも併せて【図表4－32】に掲載しておく。公務員定員削減賛成派の方が反対派よりも5％以上割合の高い選択肢を原則として掲載し

第2編　実　証　編

た（（問21）のみ割合の低い方を掲載）。

【図表4－32】
(%)

・質問の番号と要点， ・差異が5％以上あった選択肢の番号と要点	公務員 定員削減 賛成派 （①）	公務員 定員削減 反対派 （②＋③）
（問1）将来どのようなイメージの社会を目指すべきか。		
①　個人の自由競争と自助を重視し，共益的または公益的なサービスは，できるだけ地域のコミュニティー，ＮＰＯ（民間の非営利組織）などの民間の自発的な非営利活動に委ね，政府はあまり関与しないような社会	17.9	13.7
（問3）子育て支援の在り方について，どのように考えるか。		
①　自助努力	35.8	30.2
（問5）失業や貧困問題に対して、どのように対処すべきか。		
①　自助努力	25.2	20.4
（問6）増税受け入れの大きな障害になるものは何か。		
①　行政に対する不信感	47.7	41.9
（問7）税金の負担はできるだけ少なく，政府の公共サービスはできるだけ多い方がよいという要求をしがちな方か。		
②　どちらかといえば，そのような要求をしがちな方	37.8	30.8
（問9）政治や行政への不信につながる大きな要因は何か。		
②　議員に支給される不相当な歳費（給与），手当	57.1	40.8
⑥　税金の無駄遣い	65.6	53.8
（問12）税務署や国税局の職員を信頼しているか。		
⑤　ほとんど信頼できない	23.2	11.5
（問13）適正・公平な課税の実現のため，税務署や国税局の職員数を増やして税務調査の頻度を引き上げるべきか。		
③　そうは思わない	27.6	14.8
（問16）高齢者3経費の財源不足を埋めるため，2010年代半ばまでに消費税率を10％まで引上げることをどう思うか。		
④　消費税の税率の引き上げには，そもそも反対である	32.7	24.6
（問18）消費税の税率引上げに反対する理由は何か。		
①　政治や行政に対する不信があるから	54.8	12.9

第 4 章　消費税，所得税，法人税に関する意識の調査結果

②	もっと行財政改革を進めるべきであるから	57.8	11.2
③	現行の社会保障制度に不満があるから	19.3	8.5
④	益税問題など現行の消費税制度に不備があるから	20.7	4.6
⑤	法人税や所得税の負担を増やすべきであるから	42.2	14.6
⑥	不況で家計が苦しいから	46.7	14.8
(問19) 消費税の益税はある程度まで許容すべきか。			
①	そう思う	33.4	27.5
(問21) 所得税等の負担は，今後どうあるべきか。			
②	高所得者層がもっと多く負担するように累進課税強化	64.2	70.4
問1，3，5，6，7，9，12，13，16，19，21（問6，9は回答3つまで，他は1つ）		n＝413	n＝520
問18（回答はいくつでも可）		n＝135	n＝128

　以上のように，公務員定員削減賛成派と反対派とでは，他の質問の回答においても，特徴的な違いがいくらか見られる。ただし，大きな違いがあるのは（問18）の回答結果だけであり，その他は著しい違いがあるわけではない。公務員削減賛成派だからといって，公共の担い手や社会システムの在り方に関連づけて，論理一貫した考え方を必ずしも有しているわけではないのである。

　公務員定員削減を支持する論理的理由が希薄であるとすれば，それは一種の感情によるものということになる。公務員の安定した地位や行動様式などに対する漠然とした嫌悪，嫉妬といったようなものもあれば，一部の公務員の不正行為などから全体の偏ったイメージが作られているということもあるかもしれない。公務員の定員を削減するかしないかは，将来の日本の社会システムの在り方と直接的に関わってくる重大問題のはずであるが，感情的なものが削減賛成の動機となっている可能性が高いことに留意する必要がある。

　その点，20代は，注目すべき傾向を示している。20代は，【図表3－27】で示したように，公務員の定員削減賛成派は26.4％にとどまり，現状維持が58.3％，増員支持が8.0％となっており，他の世代とは顕著な違いがある。その理由の一つとして，20代は，公務員の削減によって将来の行政サービスが低

第2編　実　証　編

下することを懸念していることが考えられる。

　また，本調査結果を分析すると，次のようなこともわかった。公務員定員削減反対派は，「政治や行政への不信につながる大きな要因は何だと思いますか」（問9）という質問に対して，本質的な原因を選択する人々が多い。すなわち，「党利・党略や党内政局にとらわれすぎて，法律や予算などの重要事項に優先的に取り組んでいないこと」を選択する割合が36.0%であり，公務員削減賛成派の17.7%と比べて高い。公務員削減反対派には，政治や行政の諸現象の背後にあるものを洞察してとらえようとする人々が比較的多いといえるのかもしれない。また，（問18）の回答結果に見られたように，公務員定員削減賛成派で，消費税の税率引上げに反対する人々は，その理由として，①政治・行政不信，②行財政改革推進の必要性など複数を選択する傾向が強いという特徴がある。

　人々の感情を政治的回路に適切につなげていくことは必要なことであるが，その感情を分析することが必要である。ある問題に対して，どのような感情を抱いている者がどの程度いるのか，また，そのような感情が起こる原因は何なのかを客観的なデータを基に検討してみる必要がある。そして，公務員の定員削減に賛成する人々の意図が，行政不信に起因するものであれば，行政の信頼確保にこそ注力すべきことになる。行政の信頼確保のためには，適正執行，透明性確保，サービス向上，効率化を図っていく必要があり，それらは，その担い手となる公務員抜きにはなし遂げることができないものである。表層の国民感情に沿った政策を推し進めていくと，大きな矛盾を抱えることになり，次代を担う世代に「負の遺産」を残すことになる。

終章
Last chapter

　本調査の結果（第3章第3節参照）によれば，日本が将来目指すべき社会のイメージとして，地域のコミュニティーやＮＰＯ等による民間主導の共助型社会（A）を支持した者は全体の15.0％であった。伝統的な企業中心の共助型社会（B）を支持したのは，全体の48.1％であり，最も多くの支持を集めた。これについては，給与所得者に限らず，自営業者，学生，専業主婦（夫）などからも広く支持を集めた。そして，政府が中心的な役割を担う高福祉・高負担社会（C）を支持した者は，全体の33.2％であった。（C）の支持者には，自分自身が高負担を受け入れる意識が希薄である者が多く含まれていることが，今回の調査でわかった（第4章第6節参照）。

　本調査では，回答しやすいように三つの社会モデル（A，B，C）を提示して選んで回答してもらったが，社会モデルはほかにも考えられる。また，これら三つの社会モデルの価値観は，現実社会においては，相互に排除し合うものではなく，併存するものである。社会保障制度は自助，共助，公助の考え方の組み合わせによって形成されるのである。

　本調査の結果では，上記のとおり，政府が中心的な役割を担う社会よりも，企業中心の共助型の社会を支持する人々のほうが多いが，この支持率は，現時点における企業や政府等に対する信頼感や期待感の指標値と解釈することができるであろう。現在のところ，生活保障に関して人々の信頼・期待度の評価は，A：B：C＝15：48：33ということである。

第2編　実　証　編

　何故に，人々は，Bモデルへの支持率が高いのであろうか。企業で働いていても，日常的に残業やノルマで苦労は多いし，倒産やリストラのリスクもある。企業中心の共助型社会を支持する人々が約5割いたとしても，やはり政府の役割の重要性は変わらないであろう。人々の生活保障のために，企業にリスク・シェルターとしての機能を充実させようとすれば，経営を圧迫し，生産・販売拠点の海外移転を助長しかねない。急速な少子高齢化の進展によるリスクの増大に対しては，やはり，政府による関与が不可欠である。

　仮に，生活保障に関して人々の信頼・期待度の評価が，例えば，A：B：C＝25：25：50または20：20：60くらいになるのが理想値と考えてみたらどうか。半分以上の人々が政府を信頼している社会が望ましいし，また，地域のコミュニティーやNPOなどの民間の非営利活動がもっと活発になって人々の支持が得られてもよいと思う。それでは，その理想値との差異をどうやったら埋められるのであろうか。筆者の立場では，この点について，具体的に論究することは難しいが，たとえば，以下のようなことが考えられる。

　その一つは，政府の国民に向けた情報発信の工夫である。

　本調査において，消費税や所得税の負担に関する意識を分析したところ，人々の租税負担に関する態度には整合性に欠けるところも見られた。回答者は，自分で選択した社会モデルと租税負担との関係とを明確にイメージしきれていないところがある（第4章第1節）。これは，政府のトップが短期間で交代し，それによって責任の所在も拡散し，日本が目指すべき将来社会のビジョンをわかりやすく伝えていくべき発信源が脆弱なことが影響しているのかもしれない。「友愛の社会」，「最小不幸社会」，「中福祉・中負担」などと国民向けに一本の標語を打ち出すだけでは国民への浸透力が弱い。

　本調査の結果，租税負担意識について，年代別，男女別，職業別などで意識の違いが浮き彫りになったものがある。年代別に関して言えば，子育てについては，20代と30代（特に女性）は共助や公助を求める人々が多いのに対して，50代と60代（特に男性）は自助を支持する人々が多い。60代は男女ともにボランティア活動への意欲や関心が高い。50代は現役引退後のことを心配している。

終　章

　年代別，男女別，職業別などで租税負担等の意識の違いがあるのだから，政府は各層に向けて，それぞれに対して説得力のあるメッセージを発信してみてはどうであろうか。このような方法で発信することによって，各層の人々の意識の間隙を縫って浸透していくのではないだろうか。政府からの発信を受けて，各層の人々は自分の立場を認識し，同時に，自分とは異なる立場にある人々の意識についても理解を深めることになるのではないだろうか。

　二つ目は，マス・メディアの報道姿勢である。本調査では，対象外にしたが，マス・メディアの役割も重要である。政治・行政不信の要因として，マス・メディアの偏向報道をあげる者もいた（第3章第6節3参照）。政治家や官僚の中には，国民のために身を粉にして働いている（あるいは働きたいと考えている）人々も少なくないと考えられるが，そのような地味な行動はあまり報道されない。偏向報道は，人々の意識を偏らせる。また，その偏った人々の意識に合わせた報道ばかりをしていると，政府や行政への不信の連鎖が続くことになる。具体的にどうしたらよいのかについては，関係者や専門家の方々に是非考えていただきたいと思う。

　三つ目は，企業に寄せる人々の信頼感や期待は何から生まれているのかを分析し，政府として取り入れるべきところはないのかを考えてみる必要があるのではないだろうか。もっとも，次元の異なるものを単純比較することはできない。ここでは，象徴的な話をするにとどめたい。企業にも政府にもトップがいる。人々の目線から，それぞれのトップというものが，どのように映ることがあるのかを少し考えてみたい。

　ベンチャー・ビジネスが成長して有名な大企業になるかどうかは，そのトップの才能や力量に大きく左右される。筆者は，長年の国税の実務経験の中で，大企業や中堅企業のトップに立つ創業者社長と直接お会いし，そこに至るまでの苦労話をお聞きする機会を何度か得た。その中には，ワンマンではあるが，先を見通す直観に優れ，どことなく人を引き付ける魅力のある方もいた。経営危機に直面したときに，トップが自らの責任を明らかにして報酬を下げ，社是・社訓を毎朝唱え，行動を持って自らの意思を伝達し，他の役員や従業員を

第2編　実　証　編

率先して牽引し，危機を切り抜けたというような話も知られている。一般論ではあるが，トップの真剣で直向きな姿勢は，従業員の間に浸透していく。トップの態度や姿勢に共鳴して，自律的に働く従業員等も増えていく。優れたトップは，人は感情で動くことを肌で感じ取って知っている。命令だけで操作しようとしても，本当の意味では，従業員等は動かない。企業の活動の目標は明確であり，トップの経営指導のもと，その目標に向かって従業員は業務遂行に努力する。

　一方，国（政府）の場合はどうか。政治家や官僚が，本来的に価値のあるもののために努力しているように国民の目には映っていないのかもしれない。企業に定款や社是・社訓があるように，日本国には憲法がある。しかし，政治家や官僚が，社会福祉，社会保障及び公衆衛生の向上及び増進に努めなければならないという本来的な価値や使命（憲法25条2項）を見失い，内向きな発想にとらわれ，権力闘争，派閥抗争，省益優先による利権拡大に走ることになれば，そうした目先の目的を実現するために，本来的な価値を損なうことすら厭わなくなってしまう。このような心の動きは，一人一人の利己主義（egoism）とも結びついているが，もし，国の中枢にいる人々がその心のままに動くことになれば，それによる損害は計り知れない。

　このような状況の中で，ポピュリズムの動きが出てくることがある。政治家の中には，人々の感情に訴えて，自らの政治的目標の実現を図ろうとする者もいる。人々の感情は，政治腐敗を正す改革の原動力になることもあれば，不満や不安が煽られて権力闘争の手段として濫用されることもある。また，人々の鬱積した不満は，一般の公務員など攻撃しやすい対象に向けられることもある（第4章第9節参照）。このように人々の感情は，諸刃の剣のような側面もあるが，序章で述べたように，民主的な合意形成のためには，こうした人々の感情を排除するのではなく，政治的回路にいかに適切につなげていくかということが求められる。政治・行政過程において，広く人々の感情，不満，期待を汲み取り，解釈・分析をしていく必要がある。

　国のトップが，毎朝路傍で往来する人々に直接語りかけ，人々の生活感情を

終　章

肌で感じ取り，人々の利益のためにのみ行動（altruism）するというような真剣で直向きな姿勢で立ち振る舞えば，その周囲から少しずつその雰囲気が伝わり，メディアを含め，影響を受ける人々が増えていくかもしれない。そうすれば，かつて危機を乗り越えた大企業の創業者社長がそうであったように，よい方向へ変わっていくことがあるのではないかと考える。

　わが国が抱える様々な問題を解決するためには，世代間及び世代内の両面にわたり，お互いに「支え合い」，ともによりよい社会を作っていくという共通認識を持って，そのために必要な費用を社会全体で分かち合うことが必要である[1]。これは，国家社会の維持のための必要な経費を国民がその負担できる能力等に応じて支払う「会費」のようなものとする考え方（「会費説」という）である。平成23年度税制改正大綱では，納税環境の整備の一環として，小中学校，高等学校，大学において，租税の役割などを教えるための租税教育の充実を打ち出している[2]。オトナの世代は自ら正すべきことは正し，会費説の意義を若い世代に真摯に説いていかなければならない。

1)　「平成22年度税制改正大綱～納税者主権の確立へ向けて～」（平成21年12月22日）6頁。
2)　「平成23年度税制改正大綱」（平成22年12月16日）6頁。

【主要参考文献】

浅羽通明（2008）『昭和三十年代主義　もう成長しない日本』幻冬舎。
新井隆一（2008）『税法からの問　税法からの答』成文堂。
荒牧央（2010）「世論調査の手法に関する現状と問題点」日本マス・コミュニケーション学会編『マス・コミュニケーション研究　77』学文社。
アーネ・リンドクウィスト，ヤン・ウェステル著／川上邦夫訳（1997）『あなた自身の社会　スウェーデンの中学教科書』新評論。
池田謙一・西澤由隆（1992）「政治的アクターとしての政党—89年参議院選挙の分析を通じて」レヴァイアサン10号春号。
石井秀宗（2005）『統計分析のここが知りたい　保険・看護・心理・教育系研究のまとめ方』文光堂。
石弘光（2006）『タックスよ，こんにちは！』日本評論社。
石弘光（2008）『税制改革の渦中にあって』岩波書店。
石弘光（2004）『税の負担はどうなるか』中公新書。
岩井紀子・保田時男（2007）『調査データ分析の基礎　ＪＧＳＳデータとオンライン集計の活用』有斐閣。
井堀利宏（2007）『「小さな政府」の落とし穴』日本経済新聞出版社。
卯辰昇（1998）「国民負担率概念に関する議論の整理と今後の展開」損保ジャパン総研クォータリー 1998年7月21日発行Vol.25
内田樹（2011）『呪いの時代』新潮社。
宇野重規（2010）『＜私＞時代のデモクラシー』岩波書店。
ＮＨＫ放送文化研究所編（2004）『現代日本人の意識構造』日本放送出版協会。
遠藤薫（2010）「『ネット世論』という曖昧—＜世論＞，＜小公共圏＞，＜間メディア性＞」
遠藤由美編著（2009）『社会心理学—社会で生きる人のいとなみを探る—』ミネルヴァ書房。
大武健一郎（2006）『平成の税・財政の歩みと21世紀の国家戦略』納税協会連合会。
大竹文雄（2010）『競争と公平感　市場経済の本当のメリット』中公新書。
大原一三（1954）「租税の心理」日本応用心理学会編『心理学講座』中山書店。
奥野信宏・栗田卓也（2010）『新しい公共を担う人びと』岩波書店。
小澤徳太郎（2006）『スウェーデンに学ぶ「持続可能な社会」』朝日新聞出版。
加藤寛・渡部昇一共著（1999年）『討論「所得税一律革命」　領収書も，税務署も，脱税もなくなる』光文社。

金子宏（2011）『租税法　第十五版』弘文堂。
姜尚中（2009）『希望と絆　いま，日本を問う』岩波ブックレットNo.763。
邱永漢（1994）『会社社会ニッポン』実業之日本社。
草郷孝好（2009）「開発学にとっての繁栄，幸福と希望の意味　ブータンと水俣の事例から」東大社研・玄田有史・宇野重規編『希望学［4］希望のはじまり　流動化する世界で』第4章，東京大学出版会。
権丈善一・権丈英子（2009）『年金改革と積極的社会保障政策』慶応義塾大学出版会。
玄田有史（2009）「データが語る日本の希望　可能性，関係性，物語性」東大社研・玄田有史・宇野重規編『希望学［1］希望を語る　社会科学の新たな地平へ』第4章，東京大学出版会。
小宮山宏（2007）「『課題先進国』日本～キャッチアップからフロントランナーへ」中央公論新社。
古賀茂明（2011）『官僚の責任』ＰＨＰ新書。
古賀茂明（2011）『日本中枢の崩壊』講談社。
齋藤純一（2009）「感情と規範的期待－もう一つの公私区分の脱構築」『岩波講座　哲学10　社会／公共性の哲学』岩波書店。
最高裁判所刑事判例集2巻10号1235頁。
最高裁判所民事判例集39巻2号247頁。
西郷隆盛・山田済斎編（1939）『西郷南洲翁遺訓』岩波文庫。
佐藤進（1987）『文学にあらわれた日本人の納税意識』東京大学出版会。
佐藤卓己（2008）『輿論と世論—日本的民意の系譜学』新潮選書。
堺屋太一（2005）『団塊の世代「黄金の十年」が始まる』文藝春秋，第2～3章。
品川芳宣（2011）「納税環境整備（税務調査手続・理由附記の法制化）の問題点—申告水準の大幅低下を懸念—」『税経通信（2011.3）』。
島崎哲彦編著（2009）『社会調査の実際—統計調査の方法とデータの分析—』学文社。
社会経済生産性本部編（2004）『ミッション・経営理念【社是社訓　第4版】』生産性出版。
釈徹宗・内田樹・名超康文（2010）『現代人の祈り　呪いと祝い』サンガ。
ジョージ・A.アカロフ，ロバート・J.シラー著／山形浩生訳（2009）『アニマルスピリット』東洋経済新報社。
城繁幸（2006）『若者はなぜ3年で辞めるのか？　年功序列が奪う日本の未来』光文社新書。
城繁幸・小黒一正・高橋亮平（2010）『世代間格差ってなんだ　～若者はなぜ損をする

【主要参考文献】

のか?』PHP新書。
ジョルジュ・バタイユ・生田耕作訳（1973年）『呪われた部分』二見書房。
神野直彦・池上岳彦編著（2009）『租税の財政社会学』税務経理協会。
神野直彦（2007）『財政学　改訂版』有斐閣。
神野直彦（2003）「インタビュー　税はどうあるべきか―国民主権を獲得するために」『別冊　環　税とは何か』藤原書店。
神野直彦（2001）『二兎を得る経済学　―景気回復と財政再建』講談社＋α新書。
末永俊郎・安藤清志編（1998）『現代社会心理学』東京大学出版会。
諏訪園健司編著（2011）『図説日本の税制　平成23年度版』財経詳報社。
田坂広志（2009）『Invisible Capitalism　目に見えない資本主義　貨幣を超えた新たな経済の誕生』東洋経済。
谷岡一郎・仁田道夫・岩井紀子（2008）『日本人の意識と行動』東京大学出版会。
チャールズ・ユウジ・ホリオカ・神田玲子（2010）「『市場か，福祉か』を問い直す―日本経済の展望は「リスクの社会化」で開く―」『NIRA研究報告書』。
中谷巌（2010）『日本の復元力』ダイヤモンド社。
中野孝次（1992）『清貧の思想』草思社。
中村永友・山田智哉・金明哲（2011）『Excelで学ぶ統計・データ解析入門』丸善。
長浜昭夫（2001）「納税意識の変革」産研通信No.51。
西沢和彦（2011）『税と社会保障の抜本改革』日本経済新聞社。
西野敞雄（1979）「世論調査にみる納税者意識の動向―「納税者の反乱」と「歳出の反乱」を中心にして―」『税大論叢』第13号。
日本社会心理学会［編］（2009）『社会心理学事典』丸善。
日本税理士会連合会（2009）「平成22年度・税制改正に関する建議書」。
日本マス・コミュニケーション学会編『マス・コミュニケーション研究　77』。
平井源治（1998）『納税者と有権者の経済心理　財政心理学研究』八千代出版。
平井源治（2003）「日本人の財政意識」明海大学経済学論集　Vol.15，No1。
福田恆存（2010）「消費ブームを論ず」（「紳士讀本」昭和36年6月創刊号）『福田恆存評論集　第十六巻　否定の精神』麗澤大学出版会。
藤井威（2002）『スウェーデン・スペシャル［1］　高福祉高負担政策の背景と現状』新評論。
藤巻一男（2010）「租税負担と受益に関する国民意識について」『税大ジャーナル』14号。
星野泉（2009）「［スウェーデン］高い税金になぜYESといえたのか?」2009.9.12週刊東洋経済。

宮本太郎（2009）『生活保障　排除しない社会へ』岩波新書。
村上龍（2009）『無趣味のすすめ』幻冬舎。
森田清志編著（2007）『ガイドブック社会調査　第2版』日本評論社。
森信茂樹（2010）『日本の税制　何が問題か』岩波書店。
柳井久江（2011）『エクセル統計　第3版』オーエムエス出版。
柳田邦男（2011）「命を大事にする国を」ほか『文芸春秋20011．4』。
山岸俊男（2008）『日本の「安心」はなぜ，消えたのか』集英社インターナショナル。
山岸俊男（2004）『社会的ジレンマのしくみ　―「自分一人ぐらいの心理」の招くもの―』サイエンス社。
山口二郎（2010）『ポピュリズムへの反撃　―現代民主主義復活の条件』角川書店。
湯元健治・佐藤吉宗（2010）『スウェーデン・パラドックス　高福祉，高競争力経済の真実』日本経済新聞出版社。

Alan Schnek, Oliver Oldman（2006），"Value Added Tax：A Comparative Approach" Cambridge University Press.
Ben Terra-Julie Kajus（2010），"A guide to the European VAT Directives Volume 1：Introduction European VAT 2010" IBFD.
Mark H. B. Radford, Susumu Ohnuma, Toshio Yamagishi（2007），"Cultural and Ecological Foundations of the Mind, Mutual Construction of the Mind and Society"
Michael Lang Peter Melz Eleonor Kristoffersson（2009），"Value Added Tax and Direct Taxation, Similarities and Differences" IBFD
OECD, "Consumption Tax Trends：VAT／GST and Excise Rates, Trends and Administration Issues, 2006 Edition"
Rita Aguiar de Sousa e Melo dela Feria（2006），"The EU VAT Syatem and the Internal Market" IBFD

（公的機関統計等）
「持続可能な社会保障構築とその安定財源確保に向けた『中期プログラム』」（平成20年12月24日閣議決定）
「社会保障・税一体改革成案」（平成23年6月30日政府・与党社会保障改革検討本部決定）
「政府の取組に対する『新しい公共』推進会議からの提案」（平成22年11月12日『新しい公共』推進会議）

【主要参考文献】

「平成22年度税制改正大綱〜納税者主権の確立へ向けて〜」（平成21年12月22日）
「平成23年度税制改正大綱」（平成22年12月16日）
警察庁交通局交通企画課「平成22年中の交通事故死者数について」（平成23年1月2日）
警察庁生活安全局生活安全企画課「平成21年中における自殺の概要資料」（平成22年5月）
国税庁「平成21事務年度における法人税の申告事績の概要」
厚生労働省「平成21年国民生活基礎調査の概要」
厚生労働省「社会保障制度改革の方向性と具体策―「世代間公平」と「共助」を柱とする持続可能性の高い社会保障制度―」（平成23年5月12日）
国税庁レポート2011年度版
財務省「ＯＥＣＤ諸国の国民負担率（対国民所得比）」
財務総合政策研究所「法人企業統計調査」
政府税制調査会「抜本的な税制改革に向けた基本的考え方」平成19年11月
総務省統計局労働力調査の「雇用形態別雇用者数」
内閣府『男女共同参画白書　平成23年版』「第1－2－18図，共働き等世帯数の推移」

（備考）　上記参考文献の中には直接引用しないものも含む。

・・・

　以下は，現役引退者の意識，女性の子育ての意識，集団心理と戦争，教育の在り方などを理解ないしイメージする上で参考とした。
♥　映画（2011）『ＲＡＩＬＷＡＹＳ　愛を伝えられない大人たちへ』
♥　角田光代原作（2007）『八日目の蝉』中央公論新社，映画，ＮＨＫドラマ
♥　映画『聯合艦隊司令長官　山本五十六　―太平洋戦争70年目の真実―』
♥　武富健治原作のコミック（2006〜2011）『鈴木先生』双葉社，テレビ東京ドラマ
　以下は，本書の執筆にあたり心のささえとしたものである。
♥　Metis『人間失格』（楽曲）⇒「政治・行政不信」の箇所の執筆がまったく進まないときに，繰り返し聴いた。歌詞の中の「…人を従わせ支配しそんなに自分を大きく見せたいのですか…」というくだりが特に好きである。人は，着飾る鎧（よろい）に囚われ，本来的に価値のあるものを見失いがちである。
♥　良寛禅師の短歌
　　いかにして　まことの道にかなわなん　千年のなかの一日なりとも

○ 調査対象モニターの都道府県別の状況

(%)

	n＝	北海道	青森県	岩手県	宮城県	秋田県	山形県
TOTAL	1000	4.6	1.1	1.2	1.9	0.9	1.0
男性20代	83	3.6	1.2	0.0	3.6	0.0	1.2
男性30代	107	4.7	0.0	0.0	2.8	0.0	1.9
男性40代	104	3.8	1.0	1.9	1.0	0.0	0.0
男性50代	96	4.2	0.0	1.0	2.1	0.0	2.1
男性60代	112	3.6	1.8	1.8	1.8	1.8	0.9
女性20代	80	7.5	1.3	0.0	1.3	1.3	0.0
女性30代	104	3.8	1.9	2.9	1.9	1.9	1.9
女性40代	102	2.0	2.0	2.0	2.0	1.0	0.0
女性50代	96	7.3	1.0	1.0	2.1	1.0	1.0
女性60代	116	6.0	0.9	0.9	0.9	1.7	0.9

	福島県	茨城県	栃木県	群馬県	埼玉県	千葉県	東京都
TOTAL	2.0	2.1	1.4	1.3	5.8	5.1	10.6
男性20代	3.6	2.4	2.4	2.4	0.0	6.0	7.2
男性30代	0.9	2.8	0.0	0.9	7.5	5.6	12.1
男性40代	3.8	1.9	1.0	1.0	6.7	7.7	10.6
男性50代	2.1	1.0	1.0	1.0	8.3	6.3	11.5
男性60代	0.9	1.8	2.7	0.9	6.3	5.4	12.5
女性20代	2.5	1.3	2.5	2.5	5.0	2.5	7.5
女性30代	1.0	1.9	1.9	1.0	6.7	5.8	11.5
女性40代	3.9	1.0	2.0	0.0	4.9	3.9	8.8
女性50代	2.1	3.1	0.0	1.0	5.2	4.2	8.3
女性60代	0.0	3.4	0.9	2.6	6.0	3.4	13.8

	神奈川県	新潟県	富山県	石川県	福井県	山梨県	長野県
TOTAL	7.4	1.8	1.1	0.7	0.6	0.6	1.1
男性20代	10.8	1.2	1.2	0.0	0.0	0.0	0.0
男性30代	10.3	1.9	0.0	0.0	0.9	0.9	0.9
男性40代	10.6	1.0	0.0	0.0	1.0	0.0	1.0
男性50代	7.3	1.0	2.1	2.1	0.0	1.0	0.0
男性60代	4.5	3.6	0.0	1.8	0.0	0.9	1.8
女性20代	3.8	2.5	0.0	0.0	1.3	0.0	2.5
女性30代	3.8	1.9	1.9	1.0	0.0	1.0	2.9
女性40代	6.9	1.0	2.0	0.0	1.0	0.0	0.0
女性50代	9.4	2.1	2.1	2.1	1.0	1.0	1.0
女性60代	6.9	1.7	1.7	0.0	0.9	0.9	0.9

【調査対象モニターのデータ】

(%)

	岐阜県	静岡県	愛知県	三重県	滋賀県	京都府	大阪府
TOTAL	1.7	3.5	6.5	1.5	1.2	1.8	7.0
男性20代	1.2	4.8	3.6	2.4	3.6	2.4	4.8
男性30代	2.8	4.7	3.7	0.9	1.9	0.0	10.3
男性40代	2.9	2.9	5.8	1.0	1.0	3.8	8.7
男性50代	2.1	4.2	8.3	2.1	1.0	1.0	3.1
男性60代	0.9	1.8	6.3	0.0	0.9	1.8	10.7
女性20代	2.5	3.8	10.0	3.8	0.0	2.5	8.8
女性30代	1.9	4.8	9.6	1.0	0.0	2.9	4.8
女性40代	2.0	2.9	5.9	2.9	2.0	1.0	7.8
女性50代	1.0	4.2	6.3	1.0	0.0	2.1	3.1
女性60代	0.0	1.7	6.0	0.9	1.7	0.9	6.9

	兵庫県	奈良県	和歌山県	鳥取県	島根県	岡山県	広島県
TOTAL	3.1	1.0	1.5	0.8	0.4	1.2	2.8
男性20代	3.6	1.2	3.6	1.2	0.0	1.2	4.8
男性30代	0.9	0.9	0.0	1.9	0.0	0.0	1.9
男性40代	1.9	0.0	2.9	1.0	0.0	1.0	1.9
男性50代	2.1	0.0	2.1	0.0	1.0	2.1	2.1
男性60代	3.6	0.9	0.9	0.9	0.9	1.8	2.7
女性20代	2.5	2.5	2.5	0.0	0.0	0.0	3.8
女性30代	1.9	1.0	1.9	0.0	0.0	1.9	1.9
女性40代	3.9	2.9	1.0	1.0	1.0	2.0	2.9
女性50代	7.3	1.0	0.0	1.0	0.0	1.0	4.2
女性60代	3.4	0.0	0.9	0.9	0.9	0.9	2.6

	山口県	徳島県	香川県	愛媛県	高知県	福岡県	佐賀県
TOTAL	0.8	0.7	0.9	0.7	0.8	4.1	0.4
男性20代	1.2	2.4	0.0	1.2	0.0	4.8	0.0
男性30代	0.9	0.0	0.9	1.9	0.9	5.6	0.0
男性40代	1.0	0.0	0.0	1.0	1.9	1.9	1.0
男性50代	1.0	0.0	1.0	2.1	1.0	3.1	0.0
男性60代	0.0	0.9	1.8	0.0	0.0	3.6	0.9
女性20代	1.3	1.3	0.0	0.0	0.0	3.8	0.0
女性30代	0.0	0.0	1.0	0.0	1.9	2.9	1.0
女性40代	2.9	2.0	1.0	0.0	0.0	3.9	1.0
女性50代	0.0	0.0	1.0	0.0	0.0	6.3	0.0
女性60代	0.0	0.9	1.7	0.9	1.7	5.2	0.0

(%)

	長崎県	熊本県	大分県	宮崎県	鹿児島県	沖縄県
TOTAL	0.5	1.6	0.8	0.6	0.9	0.9
男性20代	0.0	0.0	1.2	1.2	1.2	1.2
男性30代	0.0	1.9	1.9	0.0	0.9	0.9
男性40代	0.0	1.9	1.9	0.0	0.0	1.0
男性50代	0.0	3.1	0.0	2.1	0.0	1.0
男性60代	0.9	0.9	0.9	0.0	0.9	0.9
女性20代	0.0	1.3	0.0	1.3	3.8	0.0
女性30代	0.0	1.0	0.0	1.0	0.0	1.0
女性40代	1.0	2.0	1.0	0.0	1.0	1.0
女性50代	1.0	1.0	0.0	0.0	1.0	1.0
女性60代	1.7	2.6	0.9	0.9	0.9	0.9

○ 調査対象モニターの既婚・未婚等の状況

(%)

	n＝	既婚	未婚	離別	死別
TOTAL	1000	64.4	27.7	5.0	2.9
男性20代	83	16.9	83.1	0.0	0.0
男性30代	107	48.6	49.5	1.9	0.0
男性40代	104	60.6	28.8	10.6	0.0
男性50代	96	79.2	13.5	5.2	2.1
男性60代	112	90.2	2.7	3.6	3.6
女性20代	80	25.0	75.0	0.0	0.0
女性30代	104	79.8	20.2	0.0	0.0
女性40代	102	71.6	17.6	9.8	1.0
女性50代	96	86.5	4.2	5.2	4.2
女性60代	116	68.1	5.2	11.2	15.5

【調査対象モニターのデータ】

以下の質問及び回答結果は，本文の中で取り上げなかった調査対象モニターの属性データである。

(問) あなたの職業（複数ある場合は主たるもの）をお答えください。（回答は一つ）

(%)

	n=	給与所得者（会社員，公務員，教職員，講師，団体職員等。派遣・契約社員を含む）	自営業，農林漁業，自由業	年金生活者	専業主婦，専業主夫	学生	その他	無職
TOTAL	1000	45.3	10.4	3.1	22.0	4.8	4.1	10.3
男性20代	83	59.0	7.2	0.0	0.0	27.7	1.2	4.8
男性30代	107	69.2	17.8	0.0	0.0	1.9	0.9	10.3
男性40代	104	80.8	14.4	0.0	0.0	0.0	1.0	3.8
男性50代	96	67.7	22.9	0.0	1.0	0.0	2.1	6.3
男性60代	112	25.0	12.5	18.8	0.9	0.0	3.6	39.3
女性20代	80	37.5	6.3	0.0	18.8	25.0	3.8	8.8
女性30代	104	48.1	2.9	0.0	39.4	1.9	4.8	2.9
女性40代	102	34.3	5.9	0.0	44.1	1.0	4.9	9.8
女性50代	96	25.0	5.2	1.0	55.2	0.0	11.5	2.1
女性60代	116	12.1	7.8	7.8	55.2	0.0	6.9	10.3

(問) あなたの家族が得た昨年の世帯年収をお答えください。

※給与所得の場合，勤務先から支払いを受けた給料・賃金・賞与の合計収入金額です。

※事業所得や不動産などの財産運用等による所得の場合，収入金額から仕入原価や必要経費を差し引いた金額（税抜き）です。

※年金所得の場合，支給された年金の合計収入金額です。（回答は一つ）

(%)

	n＝	100万円未満	100万円～200万円未満	200万円～400万円未満	400万円～600万円未満	600万円～800万円未満	800万円～1,000万円未満	1,000万円以上	わからない／答えられない
TOTAL	1000	4.4	6.9	22.3	25.2	11.6	7.5	8.4	13.7
男性20代	83	9.6	9.6	26.5	16.9	7.2	4.8	2.4	22.9
男性30代	107	7.5	6.5	25.2	31.8	8.4	2.8	3.7	14.0
男性40代	104	2.9	3.8	16.3	25.0	21.2	12.5	11.5	6.7
男性50代	96	5.2	4.2	13.5	16.7	18.8	15.6	13.5	12.5
男性60代	112	0.0	8.9	31.3	32.1	7.1	7.1	6.3	7.1
女性20代	80	7.5	8.8	25.0	18.8	5.0	1.3	3.8	30.0
女性30代	104	1.0	4.8	23.1	39.4	11.5	6.7	5.8	7.7
女性40代	102	3.9	5.9	17.6	28.4	11.8	10.8	7.8	13.7
女性50代	96	5.2	6.3	11.5	18.8	11.5	9.4	22.9	14.6
女性60代	116	3.4	10.3	31.0	19.8	12.1	3.4	6.0	13.8

【調査対象モニターのデータ】

(問) あなたが生活の面倒を見ている親族をお答えください。(回答はいくつでも)

(%)

	n＝	子供	配偶者	父母	その他の親族	面倒を見ている親族はいない
TOTAL	1000	33.3	40.6	12.0	0.9	45.3
男性20代	83	8.4	15.7	10.8	0.0	73.5
男性30代	107	37.4	44.9	9.3	0.0	45.8
男性40代	104	58.7	54.8	22.1	1.9	26.9
男性50代	96	50.0	63.5	20.8	2.1	27.1
男性60代	112	14.3	75.0	12.5	1.8	19.6
女性20代	80	17.5	16.3	10.0	0.0	67.5
女性30代	104	46.2	41.3	9.6	0.0	40.4
女性40代	102	51.0	27.5	9.8	2.0	41.2
女性50代	96	32.3	31.3	11.5	0.0	52.1
女性60代	116	13.8	25.0	4.3	0.9	68.1

【著者紹介】

藤巻　一男（ふじまき　かずお）
新潟大学　人文社会・教育科学系　地域社会支援系列　准教授
経済学部・大学院現代社会文化研究科担当

1982年　富山大学経済学部卒業後，国税専門官として関東信越国税局に採用。
1982～2007年　本庁国際業務室，本庁調査課（海外調査係長），国税不服審判所本部管理室（管理第一係長），税務大学校研究部（教育官），関東信越国税局調査査察部（総括主査）等を経て，2007年4月より現職。
国税庁本庁では国際税務や大規模法人調査の管理・企画・運営等の事務に携わり，税務大学校研究部では研究科生の論文指導と国際税務に関する研究に取り組んだ。国税局・税務署では主に法人調査に従事した。
現在，大学院では税法論文の指導を担当し，学部では租税の基礎理論等の授業を担当している。専門分野は，元来，法人税，国際税務，租税手続であるが，学部での授業の一コマを敷衍して納税者意識に関する研究にも着手するようになった。

〈受賞歴〉
租税資料館賞（2004）
日税研究賞特別賞（実務家の部）（2003）

〈主な論文〉
「循環取引を巡る会計監査と税務調査について」（税経通信64巻7号，2009）
「無償取引に関する法人税法上の解釈について―「適正所得算出説」と「無限定説」の
　正当性の検証―」（税大ジャーナル，2008）
「我が国の移転価格税制における推定課税について」（税務大学校論叢第42号，2003）
「海外直接投資の動向と国際課税問題に関する一考察―現地法人の再投資・配当行動を
　中心として―」（税務大学校論叢第40号，2002）

著者との契約により検印省略

平成24年3月25日　初版第1刷発行	**日本人の納税者意識**

著　者	藤　巻　一　男
発行者	大　坪　嘉　春
製版所	株式会社ムサシプロセス
印刷所	税経印刷株式会社
製本所	株式会社　三森製本所

発 行 所　東京都新宿区下落合2丁目5番13号　株式会社 税務経理協会
郵便番号 161-0033　振替 00190-2-187408　電話(03)3953-3301(編集部)
　　　　　　　　　　FAX (03)3565-3391　　　(03)3953-3325(営業部)
URL http://www.zeikei.co.jp/
乱丁・落丁の場合はお取替えいたします。

Ⓒ　藤巻一男　2012　　　　　　　　　　　　　　Printed in Japan

本書を無断で複写複製（コピー）することは，著作権法上の例外を除き，禁じられています。本書をコピーされる場合は，事前に日本複写権センター（JRRC）の許諾を受けてください。
JRRC(http://www.jrrc.or.jp　eメール:info@jrrc.or.jp　電話:03-3401-2382)

ISBN978-4-419-05814-2　C3033